Afghanistan, la spirale infernale

Michel Faure et Éric Cheysson

Afghanistan,
la spirale infernale

Robert Laffont

Éditions Robert Laffont, S.A.S. Paris, 2023
ISBN : 978-2-221-26682-3
Dépôt légal : mars 2023
Éditions Robert Laffont – 92, avenue de France 75013 Paris

À Véronique.

Avant-propos

En 2012, Michel Faure et moi avons écrit un livre, *Au cœur de l'espoir*[1], qui racontait deux histoires heureuses, celle de la renaissance d'un pays qui nous touche, l'Afghanistan, et celle de la construction à Kaboul d'un hôpital pédiatrique aux normes occidentales les plus avancées. Ces deux événements ont eu un destin parallèle et presque synchronisé, né de la défaite et de la débandade d'un gouvernement taliban qui avait éteint toutes les lumières et ce qui faisait le charme et la gaieté de l'Afghanistan, ses plaisirs simples, l'amour de la danse et de la musique, les joutes de cerfs-volants des garçons sur le toit des maisons, le plaisir d'aller au marché aux oiseaux ou au cinéma voir des films de Bollywood. Sous le régime taliban, les femmes furent bannies de la vie publique et de l'éducation. Avec l'intervention

1. Michel Faure, Éric Cheysson, *Au cœur de l'espoir*, Paris, Robert Laffont, 2012.

militaire occidentale et le retour de la paix, elles ont rejoué un rôle social, professionnel et politique. Les filles allaient à nouveau à l'école, comme les garçons, tandis que les familles, épuisées par les guerres – contre l'invasion soviétique, puis la guerre civile des chefs moudjahidines –, retrouvaient enfin le bonheur tranquille et l'islam accueillant et aimable qui fut toujours le leur. Le livre formidable d'un auteur écossais, Rory Stewart, *The Places In Between*[1], transmet cette atmosphère paisible de façon magistrale, alors qu'il marchait seul, l'hiver 2002, au nord de l'Afghanistan et dans les villages qui sont toujours, et ce depuis le Moyen Âge, à un jour de marche de distance.

Assister à la renaissance d'une nation est une chose émouvante. Assister à l'inauguration d'un hôpital moderne, en 2006, alors que Kaboul compte encore de nombreuses ruines des guerres passées, provoque aussi une émotion très forte. Voir tant d'enfants au seuil de la mort être sauvés sur les tables d'opération de cet hôpital français nous a semblé un miracle, mais cet hôpital a existé, il existe toujours et nous espérons qu'il en sera ainsi pendant encore longtemps. Il est le fruit d'un grand labeur, de nombreuses levées de fonds, de

1. Rory Stewart, *The Places In Between*, Londres, Picador, 2004; traduction française : Rory Stewart, *En Afghanistan*, traduit par Esther Ménévis, Paris, Albin Michel, 2009.

logisticiens audacieux, de mécènes et de donateurs généreux, de chirurgiens et de médecins d'une ONG, La Chaîne de l'Espoir – que j'ai l'honneur de présider –, tous atteints d'un petit grain de folie.

Notre livre, *Au cœur de l'espoir*, regorgeait d'optimisme, comme l'Afghanistan de l'époque. Puis les temps ont changé, l'insécurité revenant, vers le début des années 2010, et s'aggravant tandis que les taliban[1] menaient la reconquête de nombreuses provinces, jusqu'au jour fatal du 15 août 2021 où ils sont entrés sans coup férir dans Kaboul et ont pris le pouvoir. Depuis cet événement catastrophique, c'est le cœur du désespoir que nous avons exploré en écrivant ce nouveau livre, chez le même éditeur que nous remercions de sa confiance. Nous y évoquons les raisons qui ont conduit au retour des taliban, l'évolution rapide de cette marche arrière de l'Histoire menée par des zélotes barbus, obtus, illettrés et violents. La récurrence d'assassinats politiques, la volonté d'effacer les femmes de la sphère publique nous disent la brutalité du régime.

De nombreux analystes ont jugé les vingt années heureuses de 2001 à 2021 comme, finalement, des années perdues. Nous pensons au contraire que ce

1. Le mot *taliban* est le pluriel de *talib* – en arabe, l'étudiant. Nous écrirons donc « les taliban » sans « s » final.

furent des années gagnées contre l'obscurantisme, et que le souvenir de cette renaissance afghane alimente l'indignation face aux entraves à la liberté que les taliban imposent aujourd'hui aux Afghans. Nous avons vu la peur panique de vivre à nouveau sous leur joug dès le premier jour de leur reconquête, avec le chaos à l'aéroport de Kaboul, l'émigration massive de milliers de jeunes hommes, notamment en direction de l'Iran, puis celle de familles entières, de parents désireux que leurs enfants aient un avenir enviable, que leurs filles puissent poursuivre leurs études à l'étranger. Des faits qui fragilisent plus encore et à long terme l'Afghanistan. La famine touche une grande partie du pays, et le gouvernement n'a ni argent ni capacité d'emprunt. Quelques manifestations de femmes très courageuses constituent les premiers signes d'une désobéissance civile et d'un rejet des taliban. Ceux-ci peuvent tenir encore longtemps par la violence, mais l'opprobre quasi universel envers leur régime et leurs actions signale leur fragilité.

Pour l'instant, dans ce tourbillon de misère et de ressentiment, notre hôpital – un îlot de paix dans un archipel de malheurs – reste ouvert. Les missions médicales françaises à Kaboul pour former les jeunes médecins et chirurgiens afghans sont à nouveau autorisées. Nous nous tenons près des Afghans pour soigner les femmes et les enfants malades, et pensons depuis toujours que la santé et l'éducation ouvriront, là comme ailleurs, la perspective d'un avenir meilleur. N'étant pas devins, nous ignorons le futur, mais continuons, avec notre petit grain de folie, à l'espérer plus aimable et pacifique.

Éric Cheysson, Paris, le 15 novembre 2022

1.

Le grand-père et sa petite-fille

Il fait très chaud en cet après-midi de la fin juin 2021. Vêtu de son pyjama bleu, le Dr Najeebullah Bina sort du bloc opératoire de l'hôpital pédiatrique français de Kaboul, retire son calot, essuie son front d'un geste de la main et s'engage dans le couloir des consultations où de nombreux hommes, les pères d'enfants malades, sont assis, alignés face aux fenêtres. Presque tous, en pleine lumière, posent leur main en visière au-dessus de leurs yeux. Ils attendent avec patience l'heure de la visite des enfants hospitalisés en service de réanimation. Dans l'angle du fond du couloir, Bina remarque un vieil homme portant une longue barbe blanche, accompagné d'une jeune fille vêtue d'une robe rouge aux manches longues et coiffée d'un foulard noir tombant sur ses épaules. Ils ont dû tirer leurs chaises vers ce coin d'ombre, pense Bina. Assise à côté du barbu, la jeune fille se tient tournée vers le mur, tête baissée, regardant fixement le sol. Elle est la seule femme aux alentours et le vieux barbu fusille du regard tous les impertinents qui l'observent.

Dès qu'il arrive dans le couloir, Bina entend son nom sur les lèvres des hommes qui se lèvent, en quête de nouvelles de leurs enfants. Le chirurgien connaît et comprend l'angoisse et l'impatience des familles, mais il sait aussi, surtout avec cette chaleur étouffante, combien, en Afghanistan, ce cocktail de sentiments intenses peut être explosif. D'une voix tranquille au cœur de la mêlée, il explique qu'il ne peut pas répondre à tout le monde en même temps, mais qu'il verra toutes les familles les unes après les autres. Il dit au père du garçon opéré qu'il va le recevoir tout de suite dans sa consultation, à une autre famille qui attend depuis longtemps et s'inquiète de ne pas avoir encore vu leur fille sortir du bloc opératoire, qu'elle sera la suivante, enfin au vieil homme et à sa petite-fille, qu'ils seront les troisièmes.

Le Dr Bina sait très bien, en rassurant le père de l'enfant qu'il vient d'opérer, que l'on installe déjà le jeune patient suivant. Ce sera sa troisième intervention de la journée. Dès lors, le temps est compté. La deuxième consultation se termine vite, après que le chirurgien a expliqué que l'enfant était bien sortie du bloc et devrait se réveiller rapidement. D'un regard, Bina fait entrer le vieux et sa petite-fille.

Silencieux, le grand-père pose sur le bureau un tas de papiers, de clichés de radiographies, d'examens biologiques. Bina lit dans les yeux du vieil homme l'anxiété et l'obstination. Il regarde les comptes rendus des échocardiographies et des radiographies de plusieurs hôpitaux de Kaboul, Mazar-e-Charif, Kunduz, de Peshawar, Islamabad et Lahore au Pakistan. Il comprend qu'ils sont allés visiter tous les centres hospitaliers de la région. Ces documents, pour l'instant, lui semblent moins importants qu'une conversation avec ses visiteurs. Il pose le dossier à la droite de son bureau et sourit à la jeune fille qui lui sourit en retour. Bina note ses yeux verts et la peau foncée de son visage, couleur peut-être due à la poussière du voyage. Puis il s'adresse au grand-père sur un ton rassurant :

— Je vous écoute, monsieur.

Bel homme, grand, se tenant droit, le vieux a lui aussi les yeux verts, un héritage pour sa petite-fille sans doute. Il semble tendu, fatigué, et caresse un instant sa longue barbe, concentré sur ce qu'il doit dire au médecin.

— Je m'appelle Musa, docteur, et je vous remercie de nous recevoir. Que Dieu veille sur vous. J'enseigne les mathématiques dans une école de Kunduz, peut-être connaissez-vous cette ville…

Bina ferme les yeux et hoche la tête.

Le vieil homme comprend qu'il s'égare et reprend son propos.

— Je vous présente ma petite-fille, Kamila, docteur, elle souffre d'un problème cardiaque depuis sa naissance, ou peut-être un peu après, je ne sais pas, mais jusqu'à aujourd'hui, personne n'a pu expliquer la véritable nature de son mal. Un médecin de Peshawar m'a donné votre nom et a fait votre éloge. Donc, me voici avec ma chère petite-fille pour vous demander de bien vouloir nous aider à comprendre ce dont elle souffre, et s'il faut l'opérer.

Bien sûr, le chirurgien n'a pas encore de réponse à cette question. Il classe les papiers que lui a donnés Musa par ordre chronologique et comprend que le calvaire de Kamila dure depuis plusieurs années. Il voit quand son souffle a commencé à s'altérer, les bilans, les comptes rendus, les ordonnances, les médicaments, ceux relatifs aux maladies respiratoires, les antitussifs, les antidouleurs, ceux pour l'estomac, d'autres contre l'hypertension, des diurétiques, des prises de sang, des examens d'urine, des échocardiographies, des clichés d'IRM, l'imagerie par résonance magnétique.

Tout en regardant ces nombreux papiers et clichés, le chirurgien pose quelques questions auxquelles Musa répond avec précision. Profitant d'un silence, Kamila prend la parole pour dire qu'elle a dix-sept ans, qu'elle va bientôt finir ses études secondaires et passer le concours d'entrée à l'université de médecine.

— Mon rêve est de devenir chirurgienne.

Elle s'exprime avec enthousiasme, mais aussi avec l'élégance d'un pachto fluide et sans faute.

— Depuis quatre ans, marcher me fatigue et m'essouffle, explique-t-elle, pourtant je dois parcourir 5 kilomètres à pied chaque jour pour aller à l'école où j'arrive épuisée. Il y a trois ans, j'étais toujours la première de la classe. Maintenant, je suis à la sixième place.

Le chirurgien observe le grand-père qui a l'air mécontent du tour que prend la conversation sur le déclin des résultats scolaires de Kamila. Bina devine la déception et l'exigence d'un professeur de mathématiques quant à l'éducation de la jeune fille. Malgré les menaces d'un retour des taliban, il continue à espérer un avenir brillant pour cette enfant intelligente, mais entravée par sa maladie.

— Dites-moi, monsieur, où sont les parents de Kamila ?

Le vieil homme regarde le médecin puis sa petite-fille d'un air troublé.

— Excusez-moi, déclare Bina en s'adressant de nouveau à Musa, c'est peut-être une question indiscrète, mais j'aime bien connaître la situation familiale de mes jeunes patients.

— Ses parents sont morts, docteur, son petit frère Fazal aussi, dans un attentat suicide au marché de Kunduz, en 2019. Son père était mon fils,

Sanjar, un poète et un musicien, donc un homme très pauvre à cause des taliban. J'ai pris Kamila sous ma protection.

Bina inspire profondément, répond qu'il est désolé, présente ses condoléances et dit à la jeune fille que, dans son malheur, elle a un grand-père formidable qui l'aime et la soutient.

Musa essuie une larme sur sa joue, Kamila retient les siennes. Bina a lui aussi les yeux humides et la gorge serrée.

Le portable du chirurgien sonne. Son troisième petit patient est prêt pour l'intervention.

— Désolé, dit-il, je dois partir au bloc opératoire.

Il se lève. Le vieux et sa petite fille ont l'air désespéré.

— Mais nous prenons ce soir l'autocar pour Kunduz ! s'exclame le grand-père.

— Non, non, non ! répond Bina, ne faites pas cela, restez à Kaboul. Je vais vous donner une adresse où vous serez logés sans frais, et revenez demain. Je dois examiner Kamila. Je garde vos documents que je lirai ce soir.

Il écrit l'adresse d'un petit hôtel modeste mais bien tenu situé dans la rue de l'Université de Kaboul, proche de l'hôpital, appelle un gardien afin qu'il conduise Musa et Kamila à l'endroit indiqué, puis se lève en souriant et ouvre la porte alors qu'arrive déjà le gardien d'un pas pressé.

La main sur le cœur, Bina salue le vieux et la jeune fille qui sortent, dignes, silencieux et tristes.

— Demain, à 8 heures, je m'occupe de vous. Il pose à nouveau la main sur son cœur en guise d'au revoir et se dirige d'un pas vif vers le bloc opératoire.

2.

Le docteur Bina

Le soir, la chaleur a baissé d'intensité. Le Dr Bina est passé dans son bureau pour y prendre les documents de Kamila, puis se dirige vers la Maison des médecins située dans l'enceinte de l'hôpital. Il s'agit de dix chambres disposées autour d'un patio doté d'une fontaine, avec une grande pièce commune et une cuisine. Cette maison représente le refuge de tous les médecins et soignants venant en mission à l'hôpital français de Kaboul. Le charme de ce lieu s'est altéré au fil des ans avec l'apparition de fils de fer barbelés entourant les murs d'enceinte, d'une hauteur croissant, chaque année, en fonction de la montée des périls. Désormais, des gardiens armés se succèdent toutes les huit heures devant cet édifice dans lequel on ne peut entrer qu'avec le code d'une serrure électronique. Depuis peu, il compte même une *panic room*, une pièce blindée permettant de se réfugier en cas d'attaque dans l'attente des secours.

Le ciel est constellé d'étoiles, une douce fraîcheur rend enfin l'air respirable. Au loin, on entend quelques claquements. Des tirs de kalachnikov ? Peut-être. Mais tout le monde semble considérer Kaboul comme une ville imprenable. Le Dr Bina en doute. Il tire le fauteuil en rotin de sa chambre vers le patio pour lire le dossier médical de Kamila. Son esprit s'envole vers l'image de cette jeune fille de dix-sept ans dont il admire le courage. Malgré ses problèmes cardiaques et les menaces des taliban, elle continue d'aller à l'école. Sa famille habite à 5 kilomètres du centre de Kunduz, une ville au nord-est du pays, proche de la frontière avec le Tadjikistan et qui fut l'un des fiefs des taliban dès 1997. Brièvement reprise par eux en 2015, puis à nouveau en 2019, elle a connu de nombreux attentats. Kamila, se dit le Dr Bina, vit dangereusement. Kunduz n'est pas sécurisée. Les informations des dernières semaines, et plus encore celles des derniers jours, sont inquiétantes : on sait que les troupes américaines vont très bientôt se retirer de l'immense base aérienne de Bagram, proche de la capitale, l'insurrection talibane semble se développer de façon inexorable. Les troupes gouvernementales afghanes démontrent leur inefficacité et perdent du terrain jour après jour. Les taliban contrôlent déjà 205 districts contre 91 pour les forces du gouvernement, 112 font l'objet de combats… mais Kaboul est épargnée car inexpugnable, prétendent ceux qui sont censés tout savoir. Kaboul ne peut pas tomber, c'est une évidence, l'apaisante psalmodie, ou plutôt la triste propagande d'un pouvoir aux abois.

Le Dr Bina s'inquiète pour Kaboul depuis longtemps déjà, maintenant il s'inquiète pour une jeune fille qui ne veut pas renoncer à ces allers-retours épuisants entre son école et sa maison car elle croit en son rêve de devenir chirurgienne. Il a lu son dossier et aimerait que Kamila vive, mais la sauver n'a rien d'évident.

Assis dans son fauteuil, il regarde le ciel, soupire et prend son téléphone.

3.

L'ami Najeeb Bina

— Éric ? C'est Najeeb, je ne te dérange pas ? Il n'est pas trop tard ? Tu vas bien ?

— Ça va, Najeeb. Et toi, comment vas-tu ? Quelles sont les nouvelles ?

— Pas terribles. Les taliban gagnent du terrain chaque jour dans presque toutes les provinces.

— Tu crois qu'ils vont attaquer Kaboul ?

— Je ne vois pas pourquoi ils ne le feraient pas.

Nous partageons un instant de silence, méditant les conséquences désastreuses d'un tel événement pour l'Afghanistan et pour notre hôpital.

— Éric, je voudrais te parler d'une jeune patiente que j'ai vue aujourd'hui en consultation. Elle a dix-sept ans, elle est vive et intelligente.

— Quel est son problème ?

— Je ne l'ai pas encore examinée, mais, d'après son dossier, elle pourrait souffrir d'une insuffisance de la valve mitrale. Elle m'inquiète.

— Je comprends ton inquiétude, Najeeb. Pourvu qu'elle évite l'œdème pulmonaire.

— Oui, ça lui serait fatal.

Je sens Najeeb anxieux. Comme si un mauvais pressentiment le hantait à propos de cette jeune fille. Je ne sais comment lui répondre. Nous pouvons parler technique ou stratégie opératoire, mais je pense qu'il a surtout besoin d'un soutien amical car il est angoissé.

— Tout va bien se passer, Najeeb. Avec toi, elle a toutes ses chances.

Il émet un petit rire.

— C'est gentil, mais parfois ça ne marche pas.

Malgré la distance, Najeeb et moi nous parlons presque tous les jours. Nous partageons plusieurs passions, notre attachement à l'Afghanistan, notre amour de la chirurgie, et sommes liés par une profonde amitié née dès les origines de l'hôpital français de Kaboul imaginé et construit par La Chaîne de l'Espoir – l'ONG chirurgicale que je préside, dont le siège est à Paris, et qui est soutenue financièrement par la Fondation de l'Aga Khan, au Pakistan, et par le gouvernement français depuis le début du projet. Cet hôpital improbable, aux normes les plus exigeantes des établissements occidentaux, fut inauguré en 2006. Quinze années déjà. Ce fut une aventure difficile, exaltante, et un rêve partagé entre Najeeb et moi du premier jour à aujourd'hui.

— OK, Najeeb, tiens-moi au courant dès que tu as le bilan et la nouvelle échographie cardiaque. Et va dormir, si je calcule bien, il est une heure du matin chez toi.

4.

Kamila

Le Dr Bina a du mal à s'endormir. Il pense à cette jeune fille, l'une des premières filles afghanes qui lui dit vouloir devenir chirurgienne alors qu'elle vit dans une banlieue isolée de Kunduz où les taliban sont nombreux et n'ont qu'un objectif, rendre toutes les Kamila afghanes invisibles, réduites à moins que rien.

À 8 heures, quand Bina arrive à son bureau, le vieil homme et la jeune fille l'attendent déjà dans le couloir. Kamila entre dans la pièce avec son grand-père, encore essoufflée d'avoir marché depuis le petit hôtel de la rue de l'Université jusqu'à l'hôpital, soit environ huit cents mètres dont une petite montée. Un bref examen clinique confirme ce pressentiment de gravité et d'évolution de sa pathologie cardiaque : ses ailes du nez pincées, ce mouvement profond et rapide du diaphragme cherchant à aspirer le plus d'air possible pour oxygéner les tissus, ses lèvres bleutées du fait de la cyanose.

Le grand-père suit chacun de ses gestes d'un air inquiet. Quand Bina s'en aperçoit, il lui sourit pour le rassurer. Se caressant la barbe, le vieil homme demande au chirurgien, avec une gêne évidente, si les examens vont lui coûter cher. Bina pense que l'argent du grand-père a sans doute été dépensé dans ce long périple entre les hôpitaux de la région et il est ému par cet homme qui n'a plus les moyens de soigner sa petite-fille. Il devine sa détresse, ce sentiment d'échec qui se lit dans ses yeux, le rassure et appelle Nazari, notre « Robin des Bois en veste de cuir », le très sérieux responsable au look de rock star de la Maison des enfants de Kaboul, gérée par La Chaîne de l'Espoir, qui prend en charge les familles pauvres et paie les frais inhérents à une opération chirurgicale. Bina lui demande un soutien financier pour Kamila, ce que le jeune homme accepte car il sait que les sollicitations du Dr Bina sont toujours fondées.

Cette Maison des enfants représente souvent le lieu de la dernière chance pour ces familles démunies venues avec difficulté du fin fond des trente-quatre provinces d'Afghanistan, un voyage éreintant. Le plus dur, ce sont les derniers kilomètres, parcourus à pied depuis la gare routière jusqu'à l'hôpital. Nous avons vu des hommes épuisés poussant une brouette dans laquelle reposait, recroquevillé, un enfant malade.

Deux jours plus tard, Najeeb m'appelle.

5.

La mitrale

— La situation de Kamila est bien plus compliquée que je ne l'avais pensé, Éric. Le grand-père et la jeune fille sont revenus me voir avec les nouveaux bilans préopératoires, notamment l'échocardiographie.

J'écoute Najeeb avec attention car cette échocardiographie est l'examen fondamental, nous l'appelons dans notre jargon « le juge de paix ». Il permet une évaluation précise des lésions anatomiques.

— De quoi souffre-t-elle ?

— D'une insuffisance mitrale majeure avec une hypertension pulmonaire très importante qui explique son essoufflement progressif.

Cette valve mitrale sert de portillon entre le ventricule gauche et l'oreillette gauche et s'ouvre et se ferme hermétiquement pour réguler la circulation du sang. Si elle devient déficiente, une partie du sang va refluer vers elle lors de la contraction du cœur qui évacue le sang vers l'aorte. Or le sang n'est pas censé circuler dans ce sens. Conséquence directe de cette anomalie, le ventricule gauche travaille trop, s'épuise et finit par se dilater. Il n'arrive plus à envoyer un volume de sang suffisant dans les organes du corps.

Dans les pays en développement, la cause de cette insuffisance mitrale est le plus souvent une angine à streptocoques non soignée avec une greffe microbienne secondaire sur la valve mitrale entraînant une rétraction, un épaississement, puis des calcifications de celle-ci. Cette cause infectieuse est devenue rare chez nous depuis l'avènement des antibiotiques.

— Que vas-tu faire, Najeeb ?

— Je vais l'opérer.

— Tu es sûr qu'elle est opérable ?

— Je suis sûr qu'elle mérite d'être opérée.

— OK. Bon courage.

6.

L'école de médecine

Le lendemain, le Dr Bina reçoit à nouveau Musa et sa petite-fille et leur explique les pathologies dont elle souffre. Tous les deux l'écoutent religieusement. En conclusion, le chirurgien annonce qu'il est urgent d'opérer Kamila. Musa approuve. Kamila ne dit rien et laisse, par respect, son grand-père dire tout le bien qu'il en pense. Elle intervient alors, sa timidité jetée à la rivière, et dit ne pas vouloir être opérée tout de suite.

— Pourquoi ? Tu as peur ? lui demande le chirurgien.

— Non, docteur, je n'ai pas peur, surtout si c'est vous qui m'opérez.

— Alors, pourquoi hésites-tu ? lui demande Musa.

— Mais enfin, Baba (*«grand-père» en pachto*), as-tu oublié ? Mes examens sont dans trois semaines !

Musa lève les yeux au ciel, Bina esquisse un sourire. Une jeune fille formidable, pense-t-il.

— Kamila, lui dit-il, je comprends que tu veuilles passer tes examens, mais ta situation reste très fragile. Tu as, comme je viens de l'expliquer, une insuffisance mitrale. L'irrigation du sang dans ton corps ne se fait plus normalement, et tu ne peux pas vivre longtemps dans ces conditions. Il faut donc t'opérer.

— Oui, mais je veux d'abord passer mon examen, je suis prête.

— Mais tu peux aussi attendre un an, tu es très jeune encore. Après l'opération tu seras en pleine forme l'année prochaine pour passer ton examen.

— Docteur, je suis malade depuis longtemps et je suis toujours vivante. Dans trois semaines, si Dieu le veut, je le serai aussi et j'entrerai à l'école de médecine.

— C'est à toi de décider, Kamila. Un chirurgien ne peut obliger un patient à se faire opérer, mais il doit donner des conseils et je t'ai avertie des risques que tu cours.

Il se tourne vers Musa, tous les deux se regardent fixement pendant une bonne minute, puis le grand-père soupire, lève une main comme pour chasser une triste pensée.

— *Inch'Allah.*

Bina bouge la tête, comme pour dire non, mais son mouvement reste en suspens.

— Bon, Kamila, tes examens étant dans trois semaines, je te donne rendez-vous dans un mois. Je te fais une ordonnance pour traiter ton hypertension. Suis ce traitement avec rigueur. Je te souhaite le succès que tu mérites pour tes examens.

Il donne son numéro de portable à Musa, au cas où…

Pendant trois semaines, Bina regarde avec angoisse son téléphone quand il sonne, et il sonne souvent, mais Musa ne l'appelle pas. Au vingt-deuxième jour, d'une voix allègre, le grand-père lui annonce que Kalima est admise à l'université de médecine.

7.

Nouvelles accablantes

Il est 18 heures ce 2 août 2021, et le Dr Bina regarde la télévision nationale. Les nouvelles sont accablantes et son moral au plus bas. On parle encore des négociations de Doha, au Qatar, entre le gouvernement afghan et les taliban, mais le chirurgien pense que ces rencontres déboucheront sur une impasse. Les taliban lancent des roquettes sur Kunduz et les villages alentour. La capitale de la province du Nimroz, frontalière de l'Iran, a été prise la veille. Aujourd'hui, c'est au tour de Sheberghan, une ville proche du Turkménistan, fief du redoutable et brutal chef de guerre Abdul Rachid Dostom, principal représentant des Ouzbeks afghans. Des affrontements se poursuivent dans les grandes villes de l'ouest et du sud du pays. Les taliban contrôlent les mille trois cents kilomètres de la frontière avec le Tadjikistan. Bina ne supporte plus cette litanie de désastres qui accompagne sa vie quotidienne à Kaboul. Il éteint la télévision et monte voir ses jeunes patients en salle de réanimation. Quand il observe ces enfants renouant avec la vie, Bina oublie les pulsions mortifères des islamistes intégristes qui menacent une nouvelle fois l'Afghanistan, son pays pour lequel il nourrit des sentiments contradictoires, quelque part entre l'amour et la détestation.

8.

La mort de Musa

Le réveil sonne, Bina ouvre un œil et tend le bras pour l'éteindre. Il comprend alors que ce n'est pas son réveil, mais son téléphone. Il est 5 heures du matin, le chirurgien a le vague pressentiment qu'il ne devrait pas répondre, mais il ne suit pas son intuition.

— Mon grand-père est mort ! hurle Kamila, la voix brisée, noyée dans les pleurs.

Bina, anéanti, reste sans voix. Il entend Kamila lui raconter, entre deux sanglots, qu'une roquette a été tirée sur la maison du vieil homme.

— Baba dormait dans une pièce, moi dans celle d'à côté. J'ai senti une partie de la maison s'écrouler et dans les tourbillons de poussière et de gravats, j'ai cherché mon grand-père mais je ne trouvais plus son lit. Son corps était allongé contre le reste d'un mur, il était sans vie.

Najeeb murmure d'une voix blanche ses condoléances, il écoute cette jeune fille submergée par la douleur et le désespoir. Et soudain, comme un rappel fulgurant, celui de l'évidence de son propre combat contre la misère, la guerre absurde et les malheurs de son pays, il décide qu'il sauvera Kamila, qu'il consacrera toute son énergie à cet être fragile meurtri au plus profond de lui-même. Il lui redonnera l'espoir que son destin de chirurgienne s'accomplira.

— Kamila, écoute-moi bien, s'il te plaît…

Il attend que la jeune fille retrouve un peu son calme.

— … Écoute-moi, c'est important. J'ai promis à ton grand-père de t'opérer, je vais tenir cette promesse. Cette intervention était prévue le 8 août, mais compte tenu des circonstances, on va la retarder de quelques jours. Disons le 18 août. Où vis-tu maintenant ?

— Chez mon oncle.

— Dans le même village ?

— Oui.

— Pourra-t-il t'accompagner à Kaboul ?

— Peut-être.

— Dis-moi vite. Il faut que tu viennes le 17. S'il ne t'accompagne pas, j'irai te chercher.

Il entend Kamila éclater en sanglots puis lui dire à travers ses larmes : « Merci docteur. »

— Prends bien tes médicaments…

La conversation est coupée.

9.

Les taliban à Kaboul

Depuis mon enfance, le 15 août a toujours été pour moi une journée heureuse. Dans la tradition catholique de ma famille, nous fêtions avant tout le jour de la Sainte-Marie, donc la fête de mon arrière-grand-mère, de ma mère et de ma fille chérie. C'est aussi un moment durant lequel j'ai le sentiment que le temps paraît en suspens, la France en vacances, les miens et moi aussi.

Chaque année, le 15 août, nous nous retrouvons tous à Chiroubles, fief des Cheysson depuis cent cinquante-quatre ans, un village situé au cœur des monts du Beaujolais et de leurs vignes. Ce jour-là, je pense à mon père, Philippe, qui me disait avec mélancolie : « Éric, regarde le marronnier, ses feuilles commencent à jaunir, le 15 août, l'été est fini. »

Moi, j'ai décidé que l'été continuait. À 10 heures du matin, par un temps délicieux, je savoure mon café dans le jardin et déguste le plaisir de ce moment, j'observe le paysage, la beauté des coteaux. S'il faut se préoccuper de quelque chose aujourd'hui, c'est de la date des prochaines vendanges. Pas avant le 18 septembre, m'a dit Jean-Pierre, le régisseur, inquiet par les gelées de fin avril et les pluies de juin. Elles génèrent mildiou et oïdium, ce champignon qui blanchit les feuilles des vignes.

Mon téléphone portable vibre dans la poche de mon short. C'est Najeeb.

— Éric, crie-t-il, lui toujours si calme, les taliban sont entrés dans Kaboul !

Je suis KO debout.

La veille, le 14 août, nous avions eu une longue visioconférence avec Aziz, l'administrateur pakistanais de l'hôpital pédiatrique français de Kaboul, et Najeeb – le Dr Najeebullah Bina –, le premier chirurgien afghan à avoir opéré à cœur ouvert avec succès dans son pays, en 2008. Il est devenu la clé de voûte de la chirurgie cardiaque de l'hôpital, et mon ami le plus cher dès le début de la construction de notre établissement.

Tous les deux m'avaient fait un point précis de l'avancée des taliban sur l'ensemble du territoire afghan, mais le scénario de leur arrivée à Kaboul au cours des vingt-quatre heures suivantes ne faisait pas partie des hypothèses crédibles. Oui, les taliban avaient bien, le 12 août, pris Hérat, une grande cité de l'ouest, proche de la frontière avec l'Iran, puis ils ont contrôlé Ghazni, une ville importante à cent cinquante kilomètres au sud-ouest de Kaboul, mais la capitale n'était pas menacée pour l'instant. Ses rues se remplissaient des habitants des districts voisins arrivés en grand nombre pour se réfugier. Selon Aziz, la ville était imprenable car elle disposait d'une défense de plusieurs milliers de soldats dont trente mille hommes des forces spéciales. Venir s'installer sous la protection d'une telle armée semblait une bonne idée.

Tous avaient de bonnes raisons d'avoir peur. Ils se souvenaient sans doute de cette soirée du 26 septembre 1996, quand les taliban étaient entrés pour la première fois dans Kaboul, ville alors en ruine après une guerre civile entre moudjahidines. Sans égard pour le droit international, ils sont allés chercher le président communiste afghan Mohammad Najeebullah et son frère, Shahpur Amadzai, qui s'étaient réfugiés dans l'enceinte des bâtiments de l'ONU de la capitale. Ils ont emmené ces deux hommes, les ont castrés puis torturés jusqu'à la mort. Un camion a ensuite traîné le corps du président dans les rues de Kaboul. Le lendemain matin, les cadavres des deux frères étaient pendus au câble d'un feu de circulation situé devant le palais présidentiel. Chacun avait alors compris que s'ouvrait une nouvelle époque, celle du fouet brandi contre les musiciens et les hommes à la barbe rasée, celle de la lapidation des femmes accusées, voire seulement soupçonnées, d'adultère, celle des exécutions devenues un spectacle public dans un stade.

Je reste sous le choc, alors que ces souvenirs m'assaillent, et j'entends soudain, comme venue de nulle part, la voix de Najeeb qui me dit :

— Allô, Éric, tu es là ? Éric ?

— Oui, Najeeb, pardon, je suis là.

— Bon. Je voulais te dire qu'en arrivant au bloc ce matin, le peu de gens encore présents courait dans tous les sens. Le Dr Larifa, une jeune chirurgienne cardiaque, m'a annoncé qu'un grand nombre de personnes employées à l'hôpital avaient fui l'établissement pour se réfugier chez elles. Elle m'a dit aussi que les deux enfants devant être opérés ce matin étaient déjà en salle, anesthésiés, avec les champs opératoires posés. J'ai pris la décision de les réveiller. Il m'est apparu dangereux de se lancer dans deux opérations à cœur ouvert d'au moins trois heures chacune dans un tel climat de débandade. Qu'en penses-tu ?

La réponse est évidente, mais j'ai le sentiment que Najeeb a besoin de m'entendre lui dire qu'il a bien fait, pour l'aider à reprendre pied.

— C'était la seule solution, Najeeb, mais quel déchirement.

— Oui. J'ai informé les familles qui ont été choquées par la nouvelle, mais aussi terrorisées par l'arrivée des taliban.

— Que vas-tu faire ?

— J'ai reçu l'appel d'un responsable de l'ambassade de France nous demandant de rejoindre celle-ci aussi vite que possible.

— Najeeb, je ne comprends pas, hier encore, quand nous avons discuté ensemble, une telle accélération des événements n'était pas du tout envisagée.

— C'est vrai, mais depuis hier soir, les nouvelles, les rumeurs, l'intox, je ne sais pas, mais tout ce qui se dit me semble catastrophique. Dans la nuit, Mazar-e-Charif, au nord du pays, est tombée, et les taliban ont foncé vers la capitale. Nous allons essayer de rejoindre l'ambassade en voiture avec Eva et Jean-Christophe.

Eva est l'administratrice de La Chaîne de l'Espoir, en poste depuis trois ans à Kaboul, et Jean-Christophe, un anesthésiste réanimateur en mission à l'hôpital depuis quatre mois pour former notre équipe afghane.

— Partez au plus vite et tiens-moi au courant.

— Nous ne pouvons emporter qu'un seul sac de neuf kilos maximum. Des hélicoptères tournent un peu partout, c'est vraiment la panique. L'hôpital se vide de ses patients et d'une bonne partie du staff médical.

Najeeb parle d'une façon saccadée, très inhabituelle.

— Ça va, tu tiens le coup ?

Il reste un instant silencieux.

— Tu sais Éric, pardonne-moi, je ne devrais pas te dire cela dans ces circonstances, mais ça m'obsède. Kamila, qui voulait devenir chirurgienne. Tu te souviens ?

— Oui, bien sûr.

— Je devais l'opérer le 8 août, mais son grand-père a été tué par un mortier tiré sur sa maison. J'avais alors déplacé le rendez-vous au 18 août. Je vais l'abandonner et j'en suis malade. Elle risque à chaque instant de mourir à cause de son état. C'est abominable.

— Najeeb, je comprends, mais même si tu restais à Kaboul, tu ne pourrais pas l'opérer. Il n'y a plus de staff, plus d'anesthésistes, plus d'infirmiers. Tu as déjà été obligé de réveiller deux enfants sur la table d'opération car tout le monde partait. Alors, rejoins vite Eva et Jean-Christophe et trouvez une voiture pour vous rendre à l'ambassade, il n'y a pas d'autre solution.

Il ne répond pas.

— Allez, partez vite, soyez prudents et, surtout, rappelle-moi.

Je ferme mon téléphone, m'affaisse sur ma chaise, sans voix. Un frisson parcourt soudain mon corps. La main de Véronique, ma femme, se pose sur mon épaule.

— Les taliban sont à Kaboul.

Elle ne dit rien mais sait mon désarroi et mon infinie tristesse.

10.

La ligne rouge

L'appel de Najeeb me conduit à réfléchir à mes responsabilités, une réflexion désagréable puisque je n'ai pas anticipé ce drame. Comment ai-je pu être aussi aveugle à la montée des périls, évidente depuis plusieurs mois, voire plusieurs années ? J'ai mis en danger les équipes des expatriés en mission et l'ensemble du personnel de l'hôpital, soit près d'un millier de salariés. Pourquoi un tel aveuglement de ma part alors que, depuis des années, à La Chaîne de l'Espoir, à Paris, avec mes collègues, et à la maison avec Véronique, nous avons parlé d'une « ligne rouge » qui, une fois franchie, devait provoquer notre départ de Kaboul ? Nous n'avons jamais défini cette ligne avec précision. Des attaques d'hôpitaux ont été perpétrées, notamment contre l'hôpital militaire du quartier de Wazir Akbar Khan, pris d'assaut le 8 mars 2017, non par des taliban, mais par des hommes de Daech, et ce fut un massacre épouvantable. Ils sont entrés vêtus de blouses blanches et armés de fusils automatiques. Ils ont tiré sur tout le monde, les soignants, les patients. Des malades ont été assassinés au couteau dans leur lit et les salles de soin noyées de sang. Ces assassins sont restés six heures dans l'établissement jusqu'à l'arrivée des forces spéciales afghanes qui les ont tués. Le retard de cette intervention m'a semblé scandaleux. Mais notre hôpital, lui, n'a jamais été touché, et j'ignore pourquoi. Peut-être avons-nous bien soigné quelques enfants de taliban ?

J'ai peur de n'avoir pas vu cette ligne rouge parce que je ne voulais pas la voir. Son franchissement aurait signifié la fin de notre hôpital, mais aussi celle de notre rêve d'un Afghanistan plus prospère et assagi par la bonne santé et l'éducation de ses enfants. J'imaginais bientôt disparue la misère, mère de toutes les violences. Mon aveuglement est né de ma volonté d'agir, de mon entêtement, de mon optimisme. Ce ne sont pas de piètres excuses, juste un constat désolé.

Pourtant, un homme que j'estime m'avait bien prévenu : l'ambassadeur de France à Kaboul, David Martinon, lors d'un déjeuner en juin autour d'une table posée sur la pelouse du jardin, à l'ombre d'un arbre centenaire. Nous étions en plein air car le Covid avait commencé à toucher quelques membres de cette ambassade. Le diplomate faisait une analyse juste et cinglante : l'échec évident des négociations de Doha a rendu obsolète tout effort diplomatique. Le retrait des militaires américains et le transfert chaotique de leur base de Bagram aux forces afghanes annoncent une nouvelle époque. La perte – hypothétique, pour l'instant – de sa qualification IATA (*International Air Transport Association*) par l'aéroport de Kaboul laisserait la ville encore plus isolée du reste du monde. L'insurrection talibane, enfin, étend son contrôle sur le pays et démontre l'inefficacité des troupes afghanes. « Bref, conclut l'ambassadeur, je prévois un vol spécial pour les Français et leurs collaborateurs afghans le 17 juillet. »

Ce message ne pouvait être plus clair. Mais j'étais dans le déni, dans l'obsession de continuer à soigner, de rester à la barre de ce grand paquebot qu'est notre hôpital. Me raccompagnant à la porte, David Martinon me serre chaleureusement la main et me dit, peut-être conscient que je n'ai pas encore tout à fait entendu son message : « Je pense que notre déjeuner sera le dernier dans cette ambassade. »

11.

Le chaos

La nouvelle de la chute de Kaboul commence à se répandre en France. Les messages et les alertes info sur l'Afghanistan s'accumulent dans mon téléphone portable. Les événements se succèdent rapidement, la dégradation de la situation s'accélère. Tout ce que je lis et entends amplifie mon inquiétude et, disons-le, mon désespoir. Kaboul, ce 15 août, est tombé aux mains des taliban, lesquels ont libéré mille deux cents combattants de Daech des prisons de Parwan et de Pul-e-Charkhi.

Dans la matinée, le président Ashraf Ghani, son épouse et quelques membres de sa garde rapprochée s'enfuient à bord de trois hélicoptères qui décollent du jardin du palais présidentiel en direction de l'Ouzbékistan. Les fumées noires au-dessus de Kaboul ne sont pas le signe de combats mais des tonnes d'archives brûlées à la hâte afin de les soustraire aux nouveaux maîtres de l'Afghanistan.

Bref, c'est la débandade, et je pense à nos équipes médicales soudain prises dans ce maelström.

Najeeb me rappelle.

— Éric, tu m'entends ? J'ai du mal à te joindre, les lignes sont saturées. On a quitté l'hôpital depuis vingt minutes, la décision a été difficile à prendre. Nous avons abandonné une grande partie de nos affaires et Abdul, le chauffeur, est venu nous chercher au volant de la Toyota de la Maison des enfants. C'est la panique totale, les rues sont embouteillées, tout le monde essaie de fuir en s'éloignant du centre et nous, nous naviguons à contre-courant du flot des voitures puisque l'ambassade est située dans la zone verte. Des camions militaires et même des chars abandonnés bloquent les rues. On progresse mètre après mètre, on ne peut pas continuer comme cela. On va quitter la voiture et marcher.

La conversation s'interrompt et je n'arrive pas à rappeler Najeeb, Eva ou Jean-Christophe. Une heure plus tard, je reçois un mail, puis un autre, nous pouvons à nouveau communiquer. En reliant ces messages reçus au fil des heures, je reconstitue le périple de ces trois amis. Restés coincés une demi-heure dans la voiture, ils se résolvent à l'évidence : il faut rejoindre l'ambassade à pied. Attendre, c'est prendre le risque de ne pas pouvoir être évacués. Ils hésitent un instant à cause du physique de Jean-Christophe, un grand blond facilement assimilable à un Américain, mais ils partent dans la foule, Jean-Christophe la tête couverte par la capuche d'un anorak, Eva avec un foulard cachant ses cheveux. Plus ils s'approchent de la zone verte, plus la foule se raréfie. Les avenues bloquées par les taliban se vident. L'inquiétude de Najeeb, footballeur émérite et sportif de haut niveau, lui fait adopter une marche de commando que Jean-Christophe et Eva ont du mal à suivre.

Ils croisent des groupes de taliban assis dans la benne de pick-ups, arme au poing. Certains, les yeux maquillés de khôl noir, portent les cheveux longs et sont vêtus du *shalwar kameez* traditionnel sous le gilet pare-balles. D'autres ont adopté le style des forces spéciales américaines avec uniformes de camouflage, bottes, lunettes de soleil et armes ultramodernes abandonnées à Bagram. Nos trois fugitifs traversent aussi des quartiers où il ne faut pas s'éterniser, même en temps normal.

Au bout de cette marche interminable, ils atteignent enfin la zone verte, quartier hypersécurisé qui abrite la plupart des ambassades. Ils découvrent des avenues vides et les postes de contrôle désertés par les forces gouvernementales. Une foule se tient devant la porte de l'ambassade de France, et Najeeb, médecin référent de la communauté française, est vite reconnu par les gardiens. Jean-Christophe et Eva le suivent alors qu'il fend la foule. Ils franchissent les différents sas de sécurité, notamment celui des Gurkhas, soldats indiens sous contrat chargés de protéger le bâtiment et ses occupants. À l'intérieur, tout le monde s'agite.

Deux heures plus tard, Najeeb, Jean-Christophe et Eva montent, avec beaucoup d'autres, dans un bus blindé qui erre quelque temps, se heurtant aux routes barrées, aux checkpoints infranchissables malgré les palabres sans fin. Finalement, il arrive au quartier général des forces de l'OTAN où se succèdent décollages et atterrissages de gros hélicoptères Chinook et Black Hawk pouvant contenir jusqu'à trente passagers. Rapidement, nos trois amis embarquent pour un survol de Kaboul de quelques minutes avant d'atterrir dans la zone militaire américaine de l'aéroport Hamid-Karzai, sans possibilité de se regrouper avec les Français présents dans la partie civile de celui-ci.

Tout en suivant avec anxiété, depuis Chiroubles, le parcours de ces confrères valeureux, je regarde sur les chaînes de télévision les images du chaos à l'aéroport, seule porte de sortie de l'enfer taliban. Des milliers d'Afghans ont envahi les pistes, essayant d'embarquer dans les avions. Les images dramatiques où de jeunes hommes désespérés s'accrochent aux ailes ou aux trains d'atterrissage des appareils qui décollent disent la terreur de ces gens prêts à tout pour fuir la répression des nouveaux maîtres des lieux.

Vers 23 heures – 2 heures du matin en Afghanistan – je reçois enfin un nouveau message de Najeeb. Eva, Jean-Christophe et lui sont toujours dans la partie américaine de l'aéroport et tentent de monter dans un avion pour Doha, la capitale du Qatar.

Najeeb ne veut pas quitter Kaboul sans laisser un message à Kamila. Il me donne le numéro de la jeune femme pour que je lui dise que son chirurgien ne l'abandonne pas et qu'elle doit prendre son médicament contre la tension.

— Elle en a encore pour tenir environ trois semaines, mais on va se débrouiller pour lui en envoyer davantage, comment, je ne sais pas, mais on va y arriver. N'oublie pas, Éric. Merci.

12.

Les rues vides d'une ville apeurée

Cette prise de Kaboul réveille le monde. Sa dramaturgie repose sur des protagonistes impressionnants, les taliban, barbe au vent, couverts de poussière et armés de kalachnikov, ils patrouillent, assis dans les bennes de leurs pick-ups, les rues désertes d'une ville apeurée. Les images apocalyptiques de l'aéroport tournent en boucle sur les chaînes d'info continue. Pendant plusieurs heures, mon téléphone sonne sans arrêt. On me demande des nouvelles de notre hôpital, des médecins et chirurgiens en mission, et je ne sais pas grand-chose, sinon ce que m'a dit Najeeb : l'hôpital se vide de ses patients et de ses soignants. Des gens courent pour se réfugier chez eux, et la ville désertée se retrouve encombrée de voitures et d'autocars abandonnés.

Des journalistes sollicitent mon avis, mais je n'arrive qu'à exprimer ma désolation, ma surprise et mon inquiétude. Les appels finissent par s'espacer, la nuit tombe sur Chiroubles. Écroulé dans un fauteuil, sous un ciel plein d'étoiles, j'essaie de reprendre mon calme et mon souffle en m'interrogeant sur l'avenir de notre hôpital.

Je pense à mon grand ami Alain Deloche qui m'appelait, avec une ironique emphase, « Éric l'Afghan ».

***

Ces événements me rappellent de vieux souvenirs, les premiers pas de cet Éric l'Afghan.

Fin 1979. J'ai vingt-huit ans et je suis interne en chirurgie à Rouen, en compagnie de mon confrère et ami Patrick Laburthe. Quelques mois plus tôt, nous étions tous les deux en mer de Chine, à bord de l'*Île de lumière*, affrété par le comité Un bateau pour le Vietnam sous l'égide de Bernard Kouchner. Cette première expérience, cette aventure humanitaire, va me marquer, transformer mon existence, ma vision du monde et celle de mon métier, mes exigences futures, le sens de ma vie.

13.

L'invasion soviétique

Le 25 décembre 1979, le soir de Noël, Patrick me téléphone, il semble très nerveux et m'enjoint de vite regarder le journal télévisé.

— Les Soviétiques envahissent l'Afghanistan et établissent un pont aérien sur Kaboul, Éric !

— L'Afghanistan ?

— Oui, allume la télé, tu vas voir.

J'avoue ne pas avoir bien compris la portée de cet événement. Sur l'écran de la télévision, encore en noir et blanc, je vois de gros avions atterrir sur un aéroport devant un horizon de hautes montagnes, des chars dans les rues d'une ville, des hommes grands, maigres et barbus qui regardent passer un convoi de jeunes soldats soviétiques observant les badauds d'un air inquiet. Je n'en sors pas particulièrement ému. Avant ce 25 décembre, l'Afghanistan et sa capitale n'étaient pas encore entrés dans ma vie. Je n'avais qu'une passion, la chirurgie, que j'étudiais chaque jour avec beaucoup de sérieux. Patrick, lui aussi, voulait devenir chirurgien, mais ses centres d'intérêt étaient nombreux. Il aimait la littérature, il pouvait parler des heures de Céline ou de politique internationale, il lisait *Le Monde* et *Libération*, ce qui me paraissait inconcevable. Comment consacrer tant de temps à des journaux alors qu'il nous fallait étudier la biochimie, l'anatomie, l'histologie, et mémoriser tant de choses et de mots nouveaux ? Mais Patrick pouvait à la fois étudier et penser à autre chose, ce qui m'impressionnait. Il était brillant et érudit, moi un ignorant des grands débats de l'époque qui le bouleversaient. Devenir son ami m'a ouvert des horizons qui m'étaient étrangers, où l'on parlait d'autre chose que de médecine et de chirurgie.

Le lendemain, moi aussi je lisais *Le Monde*, et cette lecture m'ouvrit les yeux sur ce pays lointain, l'Afghanistan, son histoire, le rôle du Pakistan et de l'Union soviétique, cette immense masse cachée derrière son rideau de fer. « Dans la nuit du 24 au 25 décembre 1979 à 3 heures du matin, dans le cadre de l'opération "Chtorm-333", deux divisions de l'armée de l'air soviétique atterrissent à Kaboul et à Shindand, à l'ouest de l'Afghanistan, me racontait le journal. Au même moment, des unités motorisées stationnées en Ouzbékistan franchissent la frontière. Le président du conseil afghan, Hafizullah Amin, est exécuté et remplacé par le président Babrak Karmal. »

Soudain, tout ceci m'a intéressé.

En bon élève, j'achetais désormais *Le Monde* tous les jours et consacrais une petite heure – un temps précieux – à le lire de la première à la dernière page. Quand j'avouai à Patrick que je trouvais cette lecture chronophage, il rit en me disant qu'il suffisait de s'arrêter sur les seuls articles susceptibles de m'intéresser.

Début 1980, près de dix mille soldats soviétiques sont postés en Afghanistan. Commence alors une longue guerre face aux résistants afghans qui s'organisent, prennent les armes et portent le nom de moudjahidines, « les combattants de la foi ».

Je ne savais pas encore que cet intérêt naissant pour l'Afghanistan allait bousculer ma vie.

14.

Les premiers *French doctors*

Dans les semaines qui suivirent l'invasion soviétique, l'association Médecins du monde présidée par son fondateur, Bernard Kouchner, que je venais de rejoindre, décida d'envoyer une mission exploratoire en Afghanistan. Patrick et moi fûmes désignés pour l'accomplir. Il s'agissait de se rendre au nord du Pakistan, dans la ville de Peshawar, et de prendre contact avec les nombreux groupes de résistants afghans qui y étaient basés. C'est ainsi que Patrick et moi fûmes les premiers *French doctors* à fouler le sol des montagnes afghanes, en février 1980.

Les finances de notre association étant au niveau zéro, chaque membre mit la main à la poche pour payer notre voyage, lequel fut interminable. À Paris, nous avons pris un vol d'Aeroflot pour Moscou, de là un autre pour Karachi, puis le train durant deux jours avant d'atteindre Peshawar, au pied de l'extrémité orientale de la célèbre passe de Khyber, « ce coup de sabre dans les montagnes » décrit par Rudyard Kipling. Il s'agit d'une ville vieille de deux mille ans, bruyante et très peuplée. C'est aussi une étape de la route de la soie au pied de l'Hindou Kouch. On l'appelle le « balcon sur la guerre d'Afghanistan » car elle est la base arrière de toutes les organisations de la résistance afghane.

Cette ville bruissait alors de mille intrigues et concentrait en son sein espions, marchands d'armes, contrebandiers, vendeurs de pierres précieuses. Patrick et moi étions à la fois innocents, exaltés et inconscients. Ce fut pour moi une équipée sans boussole. J'oscillais entre l'illusion romanesque – rêvant de marcher dans les pas de Saint-Exupéry, Rudyard Kipling ou Joseph Kessel –, et la peur panique de ne jamais revenir de ces montagnes du bout du monde.

S'habiller à l'afghane pour se fondre dans la masse s'avéra assez convaincant pour Patrick dont la barbe brune poussait rapidement. Pour moi, blond aux yeux bleus à la barbe peu fournie, le résultat était moins probant. Mais nous avons quand même trouvé un groupe prêt à nous conduire en Afghanistan. Pour bagage, nous avions trois grosses malles en fer achetées à la Samaritaine et contenant notre petit trésor : boîtes de chirurgie, antibiotiques, antalgiques, fils de suture, drains, bistouris, kits de stérilisation, produits d'anesthésie, bandes de plâtre. Munis de tout ce barda, nous sommes partis avec nos moudjahidines vers Quetta, plus au sud, dans la province pakistanaise du Baloutchistan, à quelque huit cents kilomètres de Peshawar. Et, sans même le savoir, nous sommes entrés – assis entre des sacs de grains et des caisses de munitions, dans la remorque d'un vieux tracteur –, dans la province de Zaboul, en Afghanistan.

15.

Les Mig et la caravane

Pendant quarante-cinq jours, nous avançâmes lentement, au rythme de notre longue caravane de chevaux, de mules et de chameaux transportant sacs de farine, riz, armes, essence, outils et nos trois précieuses malles. Nous circulions la nuit, nous cachant le jour afin que les pilotes d'hélicoptères et de Mig soviétiques ne nous voient pas. Je ne savais encore rien de la guerre, ne connaissant d'elle que les récits des autres. Je me sentais projeté dans un monde rude et brutal, et vivais dans la peur poisseuse de mourir. Patrick et moi peinions sur les sentiers étroits et pentus. Même les mules étaient prudentes, risquant à chaque pas de trébucher et d'être entraînées dans une chute vertigineuse. Nous étions épuisés par ces marches nocturnes sans fin, manquant de souffle et d'entraînement, d'autant que nous nous trouvions parfois à plus de quatre mille mètres d'altitude. Et nous ne savions toujours pas où nous allions. Nous continuions à avancer tout en prenant garde aux mines soviétiques, de petits objets en plastique vert munis d'ailerons. Elles ont attiré de nombreux enfants qui les ont prises pour des jouets.

À l'aube, nous faisions halte dans des villages en ruine après un bombardement, ou dans des fermes fortifiées. À l'arrivée, le mollah qui tenait lieu d'autorité locale nous accueillait. Très vite, les villageois savaient que les *French doctors* étaient là et les files de malades s'allongeaient. Nous avions à traiter des plaies surinfectées et des membres partiellement arrachés par des mines, ce qui nous contraignait à de nombreuses amputations de pieds ou de mains, bien trop souvent sur des enfants. Les conditions opératoires étaient précaires et l'anesthésie difficile car rapidement nous avions dû rationner nos maigres ressources médicamenteuses qui s'épuisaient. Les besoins s'avéraient énormes, des files de patients nous attendaient à chaque halte, de jour comme de nuit. Patrick et moi avons considéré comme une évidence la poursuite de ces consultations tragiques, cette chirurgie de sauvetage désolante, avec une asepsie minimale.

Nous parlions avec nos moudjahidines dans un anglais baroque truffé de quelques mots de pachto, aidés de mimiques universelles, et nous nous comprenions. Nous leur avions demandé de trouver un lieu abrité permettant de construire sous terre un petit centre de santé avec salle d'opération.

Mais ces travaux, pourtant discrets, durent intriguer quelque aviateur soviétique car l'endroit fut bombardé à plusieurs reprises.

Patrick et moi avions appris le sens d'un mot que les combattants prononçaient souvent : *farda*, « demain ». À notre grand désespoir, tout se ferait « demain », « quand tout ira mieux ». Il nous sembla prudent d'oublier notre repère temporel habituel, le curseur de nos vies, la montre au poignet, pour ne pas devenir fous. Dès lors, dans ces montagnes où le temps s'étirait, nous marchions en ne comptant plus les heures sur des terrains instables, des sentes pierreuses longeant des à-pics abyssaux, traversant des torrents glacés, l'eau jusqu'à la taille, les muscles tétanisés par ces efforts surhumains, le souffle de plus en plus court, une faim qui nous donnait des crampes abdominales et des rêves de tartes Tatin.

— À quand la prochaine étape ?

Le moudjahidine souriait et donnait toujours la même réponse.

— *Farda.*

Au fil des semaines, je ne pouvais m'empêcher d'être ému par l'engagement de ces moudjahidines insaisissables et pieux, semblant sortis tout droit du Moyen Âge, armés de vieux fusils, sans commandement structuré, et faisant face avec sérénité à l'une des plus grandes armées au monde. Dans ce théâtre de hautes montagnes et de vallées profondes, il émanait de cette rébellion spontanée une puissance que je jugeais invincible.

16.

Les moudjahidines

Des centaines de *French doctors* – cette « cavalerie humanitaire », avait écrit Michael Barry, professeur à l'université de Princeton et auteur de plusieurs livres sur l'Afghanistan –, vont suivre et vivre aux côtés des moudjahidines dans la province de Wardak, au centre du pays, ou dans la vallée du Panshir aux côtés du commandant Massoud. C'est dans ces montagnes afghanes que ce mouvement des *French doctors* a connu son apogée. Il est devenu célèbre grâce aux témoignages des médecins français venus soigner les moudjahidines, mais aussi par les reportages des journalistes qui les ont accompagnés au fil des ans. Médecins et rebelles afghans ont fait la Une de nombreux magazines et journaux dans le monde, et je me souviens notamment de celle du *New York Times* qui chantait les louanges de ces « *terrific French doctors* ». Ainsi ont été révélés le drame et l'héroïsme de ces combattants en guenilles qui allaient résister, et finalement vaincre la grande armée soviétique.

En décembre 1979, l'URSS est entrée dans une sale guerre qu'elle va perdre. Le 15 février 1989, dix ans après l'invasion, le lieutenant général Boris Gromov, commandant en chef des forces soviétiques en Afghanistan, franchit la frontière avec l'Ouzbékistan et rejoint la ville de Termez, l'une des plus belles étapes de la route de la soie. Gromov est le dernier soldat soviétique à quitter l'Afghanistan.

Ce fut une guerre atroce qui a tué plus d'un million d'hommes, de femmes et d'enfants afghans, dans un pays habité, avant l'invasion, par quatorze millions de personnes. Les forces soviétiques ont elles aussi payé un lourd tribut : quinze mille morts. Quant aux survivants, ils étaient traumatisés. Ainsi cet artilleur-pointeur que cite Svetlana Alexievitch dans son livre *Les Cercueils de zinc* : « Tuer ou non, c'est une question qu'on se pose après la guerre. La psychologie de la guerre est plus simple. À nos yeux, les Afghans n'étaient pas des hommes, et nous n'en étions pas non plus pour eux[1]. »

En janvier 1980, un mois après l'invasion, l'armée comptait cinquante mille soldats. Un an plus

1. Svetlana Alexievitch, *Les Cercueils de zinc*, traduit du russe par Wladimir Berelowitch et Bernadette du Crest, coll. « Babel », Arles, Actes Sud, 2018, p. 204.

tard, ils étaient cent quinze mille. En dix ans de combats, l'armée rouge ne prendra jamais l'avantage, mais réussira, sans le vouloir, à renforcer la rébellion islamique et à semer les graines de l'intégrisme dans la région.

17.

Un vol pour Doha

Eva, Jean-Christophe et Najeeb sont toujours coincés, le 17 août 2021, dans la zone américaine de l'aéroport.

— Nous sommes à l'aéroport, mais les Américains font barrage et nous ne pouvons pas rejoindre la délégation française qui se trouve non loin de nous, dans la zone de l'entreprise Thales, me dit Najeeb qui m'appelle avec un téléphone satellitaire à la sonorité étrange.

La voix de mon ami afghan est déformée, soit par la technologie, soit par son angoisse.

— Tu ne peux pas t'imaginer le bordel, tous ces gens paniqués, et nous qui devons rester ici pour je ne sais quelle raison.

Si, j'imagine. Les images effrayantes de l'aéroport de Kaboul envahissent toutes les chaînes d'information. Je vois ces milliers d'Afghans terrorisés qui tentent de fendre la foule pour embarquer dans un avion. Eva, Najeeb et Jean-Christophe sont pris dans une souricière au cœur de ce chaos. Qu'ai-je fait pour les mettre dans un tel piège ?

Najeeb me rappelle.

— On va se débrouiller, Éric. Nous pouvons embarquer sur un vol militaire américain pour Doha demain matin. Nous n'avons pas le choix. Je suis sûr que la situation ici va très vite dégénérer, je n'ai jamais vu un capharnaüm pareil.

Un silence.

— J'ai encore essayé de joindre Kamila mais sans résultat…

— Ne t'inquiète pas, Najeeb, je m'en occupe, tu m'as donné son numéro, je vais l'appeler. Prenez n'importe quel vol, mais je t'en supplie, sortez de ce merdier, et tiens-moi au courant. Faites attention à vous.

Le lendemain matin, je reçois le message tant attendu : « Embarquons pour Doha. Je t'embrasse. »

Je n'ai pas le temps d'apprécier cette bonne nouvelle, je reçois un nombre incommensurable d'appels au secours. Médecins, infirmières de La Chaîne de l'Espoir, soignants, journalistes, tous veulent des nouvelles et me demandent d'intervenir pour faire sortir d'Afghanistan leurs amis, leurs parents, leurs confrères. Tous me racontent des histoires bouleversantes attestant de menaces réelles pesant sur ces personnes. Bien sûr, ils pensent que j'ai le pouvoir d'agir. Ils se trompent, hélas. Je sais que l'ambassade de France et la cellule de crise du Quai d'Orsay sont submergées. Ouverte depuis le 15 août, cette dernière a vu le nombre de demandes croître de façon exponentielle : 3 584 ont été reçues entre le 15 et le 18 août.

Chacune d'elles constitue un appel au secours pour un Afghan en danger, pour une famille qui a compris que désormais les heures sont comptées. Toutes ces personnes se savent menacées par ce nouveau pouvoir qui, hélas, n'a rien de nouveau. Les Afghans sont très nombreux à ne pas croire aux promesses de changement des taliban. Ils craignent le retour de la terreur, l'application maniaque d'un islam immuable et moyenâgeux.

18.

Les sentimentaux et les réalistes

À Kaboul, ce vent de panique emporte tout, notamment la sagesse. Les comportements les plus extrêmes apparaissent, j'entends des accusations de passivité à mon encontre, des reproches infondés adressés aux équipes de l'ambassadeur David Martinon qui tentent d'organiser le chaos avec une énergie et un courage exemplaires. Tous veulent avoir un accès prioritaire à l'aéroport, tous espèrent connaître quelqu'un qui connaît un tel qui peut avoir accès à un membre de l'ambassade de France qui aurait le pouvoir, totalement fantasmé, de les faire sortir de l'enfer. La peur est palpable, et ceux qui la ressentent ont raison, notamment les journalistes, les politiques, les employés afghans d'ONG étrangères, et les femmes, surtout celles, nombreuses, qui travaillent.

Le temps est compté et des listes de personnes sont établies pour faire le voyage vers l'aéroport, listes avec des centaines, puis très vite des milliers de noms. Tout cela devient surréaliste compte tenu de l'inaccessibilité de l'aéroport et des capacités très réduites des quelques avions déjà surchargés qui parviennent encore à atterrir et à décoller dans des conditions acrobatiques. Ceux qui s'entassent derrière les murs de l'aéroport sont d'heure en heure plus nombreux et finissent par constituer une foule menaçante et incontrôlable qui va bientôt balayer les forces présentes et envahir les pistes.

Au fil des jours, je continue à recevoir un flot de messages d'Afghans demandant l'asile : nous représentions l'hôpital français, la logique voulait que nous fussions les garants de la sécurité et éventuellement de l'accueil en France de ceux, parmi nos neuf cent soixante salariés, qui auraient souhaité partir. À Paris, nous avons eu de longues discussions, passionnées et parfois difficiles, entre dirigeants de La Chaîne de l'Espoir sur l'attitude qui devait être la nôtre. L'éthique imposait notre soutien actif, la pratique se heurtait au chaos qui envahissait non seulement l'Afghanistan, mais aussi nos esprits pleins d'une bonne volonté entravée par la réalité du moment. Évoquer ces discussions continue de me mettre mal à l'aise.

Comment ne pas être bouleversé par l'appel suppliant du Dr Tarek, magnifique chirurgien pédiatrique viscéral ayant réalisé avec succès la première séparation de petites sœurs siamoises en Afghanistan quelques mois plus tôt :

— Éric, je dois partir avec ma famille, j'ai reçu des menaces. On se connaît depuis seize ans, j'ai toujours travaillé à l'hôpital français, j'ai opéré avec toutes les équipes venues de l'hôpital Necker, des hospices civils de Lyon, je t'en supplie, ne m'abandonne pas.

Il y eut aussi l'appel du Dr Larifa, jeune chirurgienne cardiaque de vingt-huit ans, célibataire, bras droit de Najeeb pendant plusieurs années. Femme et chirurgienne cardiaque, il n'en existe pas deux en Afghanistan. L'arrivée des taliban annonce le naufrage de sa vie, de tous ses espoirs, la négation de ses sacrifices passés, la certitude de ne plus pouvoir exercer son métier pour lequel elle a tout donné, et la crainte, aussi, d'un mariage forcé.

Nous avons tous compris, bien sûr, pourquoi les docteurs Tarek et Larifa voulaient quitter l'Afghanistan, mais nous savions aussi que leur départ – et celui d'autres médecins et chirurgiens – serait une perte irréparable pour le système de santé afghan, pour la survie de notre hôpital et pour la santé – voire la vie même – des petits malades dont les soins étaient programmés pour les semaines et les mois à venir.

De façon indirecte, les départs des médecins condamnent à mort ces enfants, car personne d'autre en Afghanistan n'aura les compétences nécessaires pour les opérer. Les spécialités du Dr Tarek ou du Dr Larifa représentent douze années d'un travail d'orfèvre, l'observation et l'écoute attentives des nombreuses missions françaises venues à Kaboul former les médecins et chirurgiens locaux. Ce long et minutieux labeur fut accompli au service des petits patients afghans. Si l'hôpital se vide de ses soignants, ces enfants ne seront ni soignés ni guéris.

En fait, deux réalités contradictoires se sont affrontées lors de nos discussions houleuses au siège de La Chaîne de l'Espoir, à Paris. La première était l'empathie envers des personnes sous la menace talibane. La seconde était d'empêcher que notre hôpital ne dépérisse faute de soignants. Chacun des deux camps – les sentimentaux et les réalistes, disons-le ainsi pour schématiser cette affaire – présentait sa position avec de bons arguments, l'honnêteté intellectuelle dominait nos débats, et pourtant, ces deux réalités s'avéraient incompatibles. Il semblait impossible d'en faire la synthèse. Ce fut la première grande divergence au sein de ce cercle des dirigeants de La Chaîne de l'Espoir, et je crois que notre amitié, ancienne, solide et chaleureuse, nous a sauvés du désastre de la discorde. Nous restons unis.

19.

Le carnage de Daech

Le jeudi 26 août 2021 à 18 heures, une énorme déflagration secoue les abords de l'aéroport international de Kaboul. Un kamikaze vient de déclencher sa ceinture d'explosifs dans la foule massée depuis des jours devant Abbey Gate, la porte d'accès gardée par des soldats américains. Le souffle de l'explosion propulse des dizaines de victimes jusque dans un canal d'égout proche. Publiées sur les réseaux sociaux, des photos montrent des personnes ensanglantées emmenées sur des brouettes, un enfant agrippant le bras de son père blessé à la tête, des dizaines de victimes entourées de secouristes débordés. Après l'attentat, des tirs directs visent les civils encore en vie.

Dans la soirée, ce massacre est revendiqué par le groupe djihadiste État islamique du Khorasan, affilié à Daech.

Le bilan est accablant : au moins cent quatre-vingt-deux personnes tuées dont treize Marines américains, et plus de deux cents blessés graves. Le président américain Joe Biden a réagi très vite en s'adressant aux terroristes : « Nous vous pourchasserons et nous vous ferons payer. » Promesse tenue le surlendemain avec une frappe de drones contre une cible de l'État islamique. Quant au porte-parole du Haut-Commissariat de l'ONU aux droits de l'Homme, Rupert Colville, il déclare que cette attaque « était conçue pour faire un carnage, et ce fut un carnage ».

Cet attentat marque la fin du pont aérien. La France a évacué près de 3 000 personnes, dont plus de 2 600 Afghans. Les Américains annoncent l'évacuation de 10 500 personnes.

Prévue initialement le mardi 31 août au soir, la fin de la présence américaine a finalement été avancée de vingt-quatre heures pour des raisons de sécurité. Le jour même, sur le tarmac de l'aéroport de Kaboul, l'un des porte-parole du mouvement taliban, Zabihullah Mujahid, a déclaré, triomphant : « C'est une grande leçon pour d'autres envahisseurs, pour nos générations futures et pour le monde. »

L'épilogue de la présence américaine s'avère une humiliation. Alors que les taliban sont à peine dans les faubourgs de Kaboul, l'édifice de l'État afghan – construit en vingt ans et à grands frais par les pays donateurs – s'effondre en quelques heures. L'armée afghane, forte de 300 000 hommes, équipée et entraînée au prix de 83 milliards de dollars depuis 2002[1], s'est évaporée devant la guerre éclair des taliban lancée le 14 avril, date du début du retrait des troupes de l'OTAN.

La prise de pouvoir des taliban expose au grand jour l'échec et l'illusion de la construction d'un État moderne par l'Occident. Tout ceci n'était qu'un château de cartes abritant un pouvoir corrompu, un gâchis désolant, vingt années de reconstruction, plus de 2 000 milliards de dollars partis en fumée, et 180 000 morts, civils ou militaires.

Face à cette Bérézina, des analystes veulent nous convaincre que les taliban version 2021 diffèrent de leurs sinistres prédécesseurs. La preuve ? Ils vont constituer un gouvernement « inclusif ».

L'invention d'un mot dans une situation critique est souvent un pansement sur la blessure de notre ignorance. L'histoire de la médecine regorge d'exemples de mots savants censés définir des maladies auxquelles nous ne comprenons rien. Ici, le mot « inclusif » sera, pour quelque temps, le paravent cachant la violence et les obsessions de l'extrémisme religieux des taliban.

1. Selon le journaliste Robert Burns, « Billions spent on Afghan army ultimately benefited Taliban », *US News & World Report*, 17 août 2021.

La constitution de ce gouvernement « inclusif » était censée intégrer l'ensemble des forces politiques du pays, les minorités ethno-religieuses, des femmes et des personnalités reconnues mais n'appartenant pas au cercle taliban. Bien sûr, il n'en sera rien : les discussions engagées avec l'ancien président Hamid Karzai, Abdullah Abdullah, l'ancien numéro deux du gouvernement d'Ashraf Ghani, et avec le moudjahidine Gulbuddin Hekmatyar, ont tourné court. Aucune femme n'a été intégrée et les minorités n'ont obtenu qu'une représentation minimaliste, les Pachtounes restant majoritaires. Le nouveau ministre de l'Intérieur, Sirajuddin Haqqani, gère le réseau Haqqani, classé organisation terroriste par les États-Unis. Le mollah Yaqoub, fils du mollah Omar, devient ministre de la Défense…

J'aurais dû écouter Najeeb, qui n'a jamais cru que les taliban puissent changer. Il me dit encore aujourd'hui : « Taliban un jour, taliban toujours. »

20.

Retrouvailles au Trocadéro

En ce début de soirée de la fin du mois d'août 2021, attablé à une terrasse de café de la place du Trocadéro, à Paris, j'attends Najeeb. Je sais qu'il est arrivé en France depuis une semaine, avec Eva et Jean-Christophe. Tous les trois ont besoin de calme et de repos après la tension intense qu'ils ont éprouvée durant leur rapatriement.

L'atmosphère est encore estivale, les touristes nombreux font des selfies avec la tour Eiffel en fond d'écran. Je vois Najeeb sortir de la station de métro et me chercher du regard, je me lève, nous nous retrouvons. Il a l'air fatigué et amaigri. Nous tombons dans les bras l'un de l'autre et restons ainsi longuement. Assis face à face, un silence s'installe et dure, l'émotion tardant à se dissiper. J'attends. Il sait la gravité de sa situation personnelle et professionnelle. Que va-t-il se passer pour lui et sa famille ? Cet homme a sauvé des milliers de petits patients cardiaques et je le sens perdu comme un enfant face à un événement inattendu et dramatique.

Najeeb fixe du regard la statue équestre du maréchal Foch au centre de la place, et se tourne soudain vers moi, le regard intense, presque fiévreux.

— Cela ne finira jamais, Éric. Mon père parlait d'une spirale infernale. Les taliban sont revenus vingt ans après, tu te rends compte ? C'est un cauchemar éveillé.

— Oui, je comprends, Najeeb.

— Et je n'en peux plus de voir ce que la presse et la télévision ont raconté durant ces derniers jours, du *bullshit*, Éric ! Comment peut-on parler de taliban modérés ? Tu en as vu un, toi, de taliban modéré ? Moi, jamais ! Ce sont des purs et durs, des intégristes, des moines soldats qui n'ont lu qu'un seul livre et ne pensent qu'à appliquer la charia. Vous ne pouvez pas comprendre, vous, les Occidentaux, ça vous dépasse. Tu es d'accord, Éric ?

— Je ne sais pas...

— Eh bien, moi, je sais ! Je sais parce que je les ai subis pendant cinq ans.

Nos voisins de table doivent penser qu'il m'engueule, mais il est juste énervé.

— Cinq ans, cela ne s'oublie pas. J'en tremble encore de peur, mais surtout de colère de voir les taliban revenir et d'entendre les analyses fumeuses des soi-disant spécialistes de l'Afghanistan. *Bullshit*, Éric ! Je ne sais pas comment dire ça en français.

— Eh bien… des conneries…
— Oui, mais des grosses, alors.

Cet homme en colère sur la terrasse d'un café parisien est un Afghan extraordinaire, plein d'humanité, et un chirurgien hors pair. Chef de service du département cardiovasculaire de notre hôpital à Kaboul, il a opéré plus de six mille cœurs d'enfants et gère, ou plutôt gérait jusqu'au 15 août, une liste d'attente de plusieurs centaines de petits malades. J'ai là, assis devant moi, le premier chirurgien cardiaque d'Afghanistan, le premier aussi à avoir opéré à cœur ouvert dans son pays. Il a formé lui-même son équipe, de jeunes Afghans qui travaillent à ses côtés et aspirent à lui succéder un jour. Parmi eux, deux femmes qui sont les premières chirurgiennes cardiaques d'Afghanistan.

Ce 15 août au matin, Najeeb a perdu son monde et tous ses repères, sa raison de vivre. Parti très vite, il a abandonné son équipe, son pays natal à nouveau martyrisé et, surtout, ses jeunes patients. Il sait, et je sais aussi, que l'abandon de ces enfants cardiaques aura des conséquences dramatiques, probablement fatales. Et en France, quel sera son statut professionnel ? Comment obtenir l'autorisation administrative d'exercer son métier ? Aujourd'hui, pour le bureaucrate qui décidera de son sort, Najeeb est un simple immigré. Le parcours qui l'attend sera long et difficile.

21.

Une guerre fratricide

Le 10 avril 1992, trois ans après le retrait soviétique d'Afghanistan, le secrétaire général de l'ONU, Boutros Boutros-Ghali, annonce la conclusion d'un accord pour la mise en place d'une administration de transition à Kaboul. Elle sera chargée de faire fonctionner le pays après le départ du président Mohammad Najibullah, nommé à ce poste par les Soviétiques en mai 1986 et qui s'oppose à tout règlement de paix. Le 16, Najibullah se réfugie dans les locaux de l'ONU à Kaboul et démissionne. Le régime communiste prend fin. Un groupe d'officiers et de civils assume le pouvoir dans la capitale et tente de convaincre le commandant tadjik Ahmed Shah Massoud, qui contrôle le nord du pays, d'accepter le plan de l'ONU. Mais celui-ci demande la mise en place immédiate d'un gouvernement islamiste. Ses troupes, ainsi que celles du parti fondamentaliste du Hezb-e-Islami dirigé par le Pachtoune Gulbuddin Hekmatyar, implanté dans le Sud, marchent sur Kaboul. Ainsi commence une guerre fratricide entre deux clans de moudjahidines. Le 29 avril, les troupes victorieuses du commandant Massoud font leur entrée dans la capitale en ruine. Les combattants du Hezb-e-Islami se replient à quelques dizaines de kilomètres au sud de la ville.

C'est en 1994 qu'apparaît en Afghanistan le mouvement des taliban, « étudiants en religion ». Ils entrent dans un pays ravagé par le conflit contre les Soviétiques, puis par cette guerre civile entre moudjahidines. Formés dans les madrasas – des écoles coraniques – au Pakistan voisin où les élites islamistes sunnites ont trouvé refuge, les taliban sont des Pachtounes, l'ethnie qui a dominé le pays depuis deux siècles. Ils constituent 38 % de la population afghane, face aux 25 % de Tadjiks, aux 19 % d'Hazara et aux 6 % d'Ouzbeks.

En arrivant en Afghanistan, les taliban promettent de rétablir l'ordre et la justice. Soutenus par l'ISIS, les services secrets pakistanais, et, à mon avis, l'approbation discrète des Américains, ils accomplissent une avancée fulgurante et gagnent rapidement du terrain, notamment dans les zones rurales. La population voit en eux une alternative aux guerres sans fin.

En octobre 1994, ils prennent presque sans combats la deuxième ville d'Afghanistan, Kandahar, au sud du pays, ancienne capitale impériale. Elle restera le centre spirituel du mouvement taliban et le lieu de résidence du mollah Omar, son dirigeant.

22.

La mort de mes amis

Lors d'une nouvelle rencontre au Trocadéro, où nous avons désormais nos habitudes, Najeeb me raconte ses souvenirs.

— Tu sais, Éric, la première fois que j'ai entendu parler des taliban, c'est quand ils ont pris Kandahar, parce que j'avais des cousins là-bas qui m'ont parlé d'eux. J'avais vingt ans, j'étudiais la médecine et ne comprenais pas encore très bien ce qui se passait, mais je me souviens que nous étions tous fatigués, ma famille, mes amis, mes camarades de faculté. Fatigués et même épuisés par cette guérilla perpétuelle et ces bombardements incessants depuis 1992. Certains jours, quatre à six mille roquettes pouvaient tomber sur Kaboul, envoyées par les soldats de Hekmatyar et ceux de Massoud. Des combats horribles qui détruisaient tout, anéantissaient les habitants sous un tapis de bombes. Kaboul en est sortie détruite à plus de 40 %.

Je vais te raconter une histoire abominable, Éric. En 1995, par une belle journée d'hiver, j'étais à la faculté de médecine Ali-Abad. Le premier cours du matin terminé, mes camarades de promotion sortent quelques minutes en attendant le cours suivant pour profiter des rayons du soleil, les salles de la faculté n'étant pas chauffées. Chargé de ramasser les copies, je reste à l'intérieur.

À 10 h 07 – cette heure est marquée à vie dans ma mémoire – une explosion terrible souffle les vitres de la salle de cours et me projette à terre. Comme assommé, je sors vers la cour, dans cette odeur que je n'oublierai jamais, elle non plus, un mélange de poussière, de fumée et de sang. Et là, je vois l'horreur, mes amis tués, déchiquetés par la roquette, et les cris de douleur de ceux qui vivent encore. Je cours dans tous les sens, paniqué, ne sachant que faire. Avec un étudiant indemne, nous trouvons un petit tracteur sur lequel nous posons un brancard afin d'emmener très vite les survivants à l'hôpital le plus proche, le Jamouriat Hospital, à environ un kilomètre de là.

La première victime que nous avons transportée est une amie très chère, Lila Jamilih, dont le visage, déformé par la douleur, montre un œil emporté par un fragment de roquette. L'image terrible de cette jeune femme agonisante reste gravée au plus profond de moi et vient régulièrement hanter mes cauchemars. Depuis le 15 août, je la revois chaque nuit.

Lila avait vingt et un ans. Elle est morte avec quinze autres de mes camarades, fauchée par l'une de ces milliers de roquettes envoyées chaque jour sur Kaboul par ces clans de fous furieux qui tuent, détruisent, massacrent impunément, sans même savoir pourquoi, leurs compatriotes afghans.

Je vois des larmes couler sur les joues de Najeeb, anéanti par ce souvenir. Il fallait qu'il me raconte ce drame, cette horrible histoire devait sortir de lui, comme d'un abcès qu'on incise.

— Tu sais, Éric, la chose la plus incroyable, c'est que j'ai retrouvé le regard de Lila chez Kamila. Je devais l'opérer le 18 août. Nous sommes partis en catastrophe et je l'ai abandonnée.

Des deux mains, il essuie ses yeux et ses joues.

Un peu plus tard, une fois l'émotion retombée, nous avons parlé à nouveau de la progression des premiers taliban. Ils s'étaient emparés d'un stock d'armes important à Kandahar et avaient pris le contrôle de la moitié sud du pays en quelques mois.

— Je me souviens de leur entrée dans Kaboul, le 27 septembre 1996. Je me trouvais à la maison avec mes parents et mes deux sœurs. Le lendemain, j'ai pris mon vélo et suis allé au centre de la ville où j'ai vu pour la première fois ces taliban enturbannés, barbus, filant à toute allure sur des pick-ups, armés de kalachnikov. J'ai revécu la même scène il y a quelques jours à Kaboul, donc tu comprends combien revoir le même abominable scénario vingt ans plus tard me rend triste et pessimiste.

— Oui, je comprends, Najeeb.

— En arrivant près du palais présidentiel, en 1996, j'ai vu le cadavre gonflé de l'ex-président Najibullah, pendu, émasculé, des billets de banque dépassant de sa poche, des images qui perturbent toujours mes jours et mes nuits. Je suis rentré chez moi et j'ai raconté ce spectacle à mon père, un médecin militaire, à ma mère, enseignante, et à mes sœurs. Nous étions effondrés, conscients que notre monde, déjà très incertain, s'écroulait, et qu'un autre s'ouvrait, inconnu et menaçant. Notre vie d'avant était terminée.

Quelques jours après leur arrivée à Kaboul, ces intrus séminaristes commencent à édicter leurs règles et promettent une punition sévère à tous ceux qui oseraient les contourner. En quelques jours, la liste s'allonge et remet en question une grande partie de nos vies quotidiennes : interdiction aux femmes d'étudier et de travailler, interdiction de ne pas aller à la mosquée, de se raser la barbe, de regarder des films, de jouer aux échecs ou au cerf-volant, d'avoir des ours en peluche ou de posséder toute représentation animale contraire aux lois coraniques. Devant les ministères, des téléviseurs fracassés ont été plantés sur les grilles, des cassettes vidéo ou musicales détruites, les regarder ou les écouter devient *haram*, interdit.

Notre espace de vie se rétrécit au fil des interdictions les plus incongrues apparaissant à jet continu. La faculté de médecine est restée fermée pendant six mois. Mes parents et mes deux sœurs sont partis se réfugier à Peshawar, au Pakistan, moi, je me suis réfugié dans le football !

Je le vois sourire pour la première fois.

— Eh oui, Éric ! J'étais un joueur de haut niveau jouissant d'une certaine notoriété, j'occupais la place d'avant-centre en Ligue 1, notre équipe s'appelait *Jawanan-e Maihan*, on jouait le plus souvent au grand stade de Kaboul. J'adorais ça, nous étions très populaires car souvent vainqueurs. Mais même cela, les taliban me l'ont pris. Ils ont détruit ma passion pour ce sport. Il m'a fallu beaucoup de temps, après les taliban, pour me remettre à pratiquer le foot.

Souvent, lors d'un match, apparaissaient soudain au milieu de la pelouse quatre ou cinq pick-ups chargés de taliban et d'un ou de plusieurs condamnés, la plupart du temps pour vol. Une amputation de la main droite ou du pied gauche était réalisée en public par un médecin militaire. Le pauvre homme avait été shooté dans la fesse avec un peu de kétamine, un anesthésiant. Le mollah Mula Qalamudim, chef de la police et président du comité olympique afghan, assistait souvent à ces spectacles innommables.

Avec l'équipe, nous restions dans le vestiaire en attendant la fin du supplice. Quand on revenait sur le terrain, la partie centrale, lieu d'engagement du match, était maculée de sang, une horreur totale. Souvent, on refusait de reprendre le jeu. Les mains ou pieds amputés se retrouvaient exposés sur la porte du stade. Quand il s'agissait d'un crime de sang, le tribunal islamique demandait aux parents de la victime s'ils accordaient leur pardon. En cas de refus, l'un des proches de la victime se voyait chargé d'exécuter la sentence avec une kalachnikov.

Lorsque la faculté a réouvert ses portes, je me suis concentré sur mes études et sur ma spécialité de chirurgie thoracique et vasculaire. J'étais interne à l'hôpital Wazir Akbar Kahn, l'un des plus grands de Kaboul. On manquait de tout, notamment de médicaments. Nous ne disposions que de cinq sortes d'antibiotiques et n'avions droit qu'à dix radiographies par jour, sept pour le service d'orthopédie, les trois autres pour nous, en chirurgie viscérale.

J'ai été témoin de situations incroyables. Comme ce jour où je me trouvais auprès d'un patient victime d'une hémorragie digestive provenant d'un ulcère gastrique qui saignait. Je lui passais une sonde dans l'estomac quand un taliban est rentré dans la chambre, furieux, en me demandant ce que je faisais là à l'heure de la prière. Malgré mes explications, c'est-à-dire l'urgence vitale du patient, les taliban m'ont puni de quelques jours de prison et m'ont rasé la moitié du crâne. Je suppose que m'humilier ainsi les amusait. À ma libération, je n'ai eu qu'une chose à faire, me raser l'autre moitié et attendre que mes cheveux repoussent.

Pour eux, Éric, seule compte la charia. Ils sont toujours persuadés qu'ils ont raison, sur toute chose, quel que soit le sujet. Le pire, c'est qu'ils ont été bien accueillis par la population car ils promettaient de rétablir la sécurité et de mettre fin au pouvoir despotique des chefs de guerre qui s'entretuaient et bombardaient les villes. Mais ils devinrent de plus en plus impopulaires en utilisant les faibles ressources de l'État non pour reconstruire le pays, mais pour financer la guerre contre l'Alliance du Nord du commandant Massoud. Par ailleurs, leur interprétation rigoriste de la charia s'opposait à la culture traditionnelle pachtoune et aux pratiques religieuses afghanes. Dès lors, ils perdirent leurs soutiens populaires et tribaux. La brutalité de leur régime et les châtiments corporels révoltèrent la population et la communauté internationale. En peu de temps, ils passèrent de libérateurs à bourreaux aux yeux des Afghans. L'accueil d'Oussama Ben Laden et les camps d'entraînement d'Al-Qaïda installés sur le sol afghan n'ont fait que renforcer l'isolement des taliban. Seul, le Pakistan a continué à les soutenir. Ils avaient émis des règlements rendant l'action humanitaire impossible. Notre quotidien n'avait plus aucun sens, tous nos repères avaient disparu. Moi, j'étais concentré sur ma chirurgie et l'obtention de mon diplôme. Le jour de ma thèse, je me suis trouvé face au ministre de l'Éducation, un analphabète qui m'a posé deux questions : quelle est la première Kalima du Coran[1] ? Puis, quels sont les vingt-cinq prophètes envoyés par Dieu ? J'étais halluciné de devoir mon avenir de chirurgien et la validation de mes connaissances à une telle pantomime. Mais j'ai dû jouer le jeu et j'ai répondu correctement aux deux questions, ce qui m'a permis de recevoir mon diplôme de chirurgien. Tu te rends compte de cette folie ?

Le soleil se couche sur la place du Trocadéro et Najeeb, le regard fixe, me parle depuis une heure et demie. Je ne pose plus de questions car il est habité par son récit. Il ne s'aperçoit pas que le

1. Les six Kalimas, également connues sous le nom des six traditions, sont six phrases islamiques souvent récitées par les musulmans.

garçon met le couvert comme s'il était acquis que nous allions dîner.

— Tu comprends, Éric, on pensait en 1996 que les taliban resteraient au pouvoir pendant des années, dans un pays dominé par un ordre moral moyenâgeux incarné par un pouvoir obsédé par le poil, la peau et la jouissance !

— Mais toi, Najeeb, comment as-tu réussi à survivre dans ce capharnaüm ?

23.

Le football ou la chirurgie

Surpris par ma question, il me regarde, silencieux, puis soupire et me répond.

— C'était très dur. Je t'ai dit que la faculté de médecine avait été fermée pour les garçons pendant six mois, et pendant trois ans pour les filles. La réouverture pour les étudiantes a été obtenue grâce à une femme formidable, Suhaila Seddiqi, une neurochirurgienne, également générale de l'armée, qui a réussi à débloquer quelques postes pour ces femmes à l'hôpital militaire de Kaboul. Pour nous, jeunes médecins, le quotidien ressemblait à un cauchemar, tout était difficile, voire inaccessible. Il n'y avait même plus d'électricité. Major de ma promotion, j'avais choisi la chirurgie thoracique mais en réalité, nous faisions surtout de la chirurgie de guerre avec quasiment rien ! Je me souviens que chaque jour une voiture de la Croix-Rouge venait à l'hôpital, avec à son bord une femme adorable, Nathalie, et son traducteur, Amin, au volant. Elle nous apportait du matériel chirurgical qui nous manquait cruellement, des fils, des antibiotiques, des anesthésiques. Grâce à cette aide, nous pouvions opérer cinquante patients. Sans elle, rien n'aurait été possible. Pour moi, jeune interne, le pire était la sélection des patients en fonction de la compatibilité de leur pathologie avec le matériel dont nous disposions, une situation horrible.

À la même époque, moi aussi, j'ai fait le tri dans mes pensées et j'ai choisi la chirurgie plutôt que le football. La première me fascinait de plus en plus et j'étais écœuré par les amputations publiques du stade de Kaboul. J'ai donc mis entre parenthèses mon amour pour le foot et me suis jeté à corps perdu dans la chirurgie. Je voulais apprendre, emmagasiner le maximum de connaissances en travaillant auprès de mon patron, le Pr Tawana, un grand homme, bien que physiquement de petite taille, plein d'humanité, qui reste pour moi un modèle de chirurgien.

À l'hôpital, nous étions alors une bande de six copains inséparables. On se retrouvait tous les soirs, on discutait des heures, et plus les semaines et les mois passaient, plus nous cherchions comment quitter cet enfer. Un jour, nous avons appris qu'à Hérat, la grande ville de l'Ouest, on pouvait obtenir un visa auprès du consulat du Turkménistan, puis franchir la frontière, assez proche, et de là, prendre un train pour Moscou. J'en ai parlé à mes parents, revenus dans leur maison de Kaboul. Ils se sont opposés à mon départ. Mes sœurs vivaient encore à Peshawar et s'apprêtaient à partir au Canada ; si moi aussi je m'exilais, notre famille, à leurs yeux, se brisait.

Mes amis sont partis à Hérat et cinq jours plus tard, ils avaient obtenu leurs visas. Moi, je suis resté seul à Kaboul. Chaque jour, la radio des taliban, Radio Charia, énumérait de nouveaux interdits, rendant nos vies de plus en plus insupportables. Il fallait, par exemple, peindre les vitres des fenêtres en blanc pour que les passants ne puissent pas voir les femmes à l'intérieur des maisons. Des taliban entraient chez les gens pour casser les téléviseurs, les magnétoscopes, brûler les instruments de musique ou déchirer les photos de famille. La charia était devenue l'unique source du droit, si l'on ose appeler du beau nom de droit ces lubies talibanes. Les hommes devaient se raser le pubis et les aisselles, et se brosser les dents avant les cinq prières par jour rendues obligatoires. L'Afghanistan vivait alors sous la domination de trente mille à quarante mille taliban obnubilés par l'illusion d'un retour à la pureté originelle. Le ministère pour la Promotion de la vertu et la Répression du vice contrôlait tous les aspects de nos vies.

Un événement impensable a représenté pour moi la limite du supportable : la destruction des bouddhas de Bâmiyân, en mars 2001, par un dynamitage et des tirs d'artillerie, filmée par la chaîne de télévision Al-Jazeera. Regarder ces images m'a donné envie de vomir. Ces bouddhas taillés dans la falaise à 2 500 mètres d'altitude mesuraient 55 mètres pour le plus grand, 38 mètres pour le plus petit. Ils dataient du VIe ou VIIe siècle de notre ère, et couvraient environ sept cents grottes creusées à la main dans la montagne et ornées de fresques magnifiques. Enfant, je les avais visitées avec mes parents. Pour tous les Afghans, ces deux bouddhas constituaient un joyau de notre patrimoine. Cette perte irréparable témoigne d'une rage de destruction inouïe. J'étais anéanti, une désolation – je l'ai su plus tard – partagée dans le monde entier.

Je recevais souvent des nouvelles de mes cinq copains arrivés à Moscou. Quand le téléphone sonnait la nuit, je savais que c'était eux en raison du décalage horaire. Je m'installais à côté du téléphone fixe – les portables n'existaient pas encore à cette époque –, assis par terre dans le noir, car nous n'avions pas d'électricité non plus. Mes copains me racontaient leur vie à Moscou, leurs petits boulots pour gagner de quoi continuer le voyage vers l'Europe, les bistrots, les filles, la vodka… J'écoutais, rêveur, mais ne disais rien. Au fond, je n'avais rien à dire, ils savaient bien ce qu'il se passait à Kaboul… Enfin, peut-être pas, car chaque jour, à Kaboul, était pire que la veille.

Puis est arrivé le 11 septembre 2001.

24.

La foudre sur nos têtes

Najeeb me regarde et lève les yeux au ciel.

C'est en écoutant la BBC en persan – une habitude devenue quotidienne – que j'appris, le 11 septembre 2001, les attentats qui ont détruit les deux tours jumelles du World Trade Center, à New York, et une partie du Pentagone, à Arlington, en Virginie. Sur les quatre avions détournés par les terroristes, un seul n'a pas atteint sa cible – probablement le Congrès ou la Maison Blanche – et s'est crashé en Pennsylvanie. Il m'était difficile de comprendre ce qui s'était passé, faute de voir des images de cette catastrophe. La télévision et les taliban n'en disaient rien, bien sûr. J'écoutais aussi une radio iranienne, Radio Machad, et fus bizarrement rassuré d'apprendre que les terroristes étaient Saoudiens et Yéménites (nous savons maintenant que ce groupe comptait, dans les quatre avions, quinze Saoudiens, un Égyptien, deux Émiratis et un Libanais). Trois jours plus tôt, le 9 septembre, un attentat-suicide avait provoqué la mort du commandant Ahmed Chah Massoud, le Lion du Panchir, qui avait succombé à ses blessures après l'explosion de la caméra piégée de deux faux journalistes venus l'interviewer. Je n'imaginais pas encore que ces deux événements allaient déclencher la « spirale infernale » jadis évoquée par mon père.

Le 20 septembre, je sus que la foudre allait vite tomber sur nos têtes quand j'ai écouté sur la BBC en pachto le discours du président américain George W. Bush. Je m'en souviens comme s'il s'était adressé à moi :

Les éléments de preuve que nous avons rassemblés désignent tous un réseau d'organisations terroristes liées entre elles, connu sous le nom d'Al-Qaïda. […] Fermez immédiatement et de façon permanente tous les camps d'entraînement terroristes en Afghanistan et livrez-nous ces terroristes. […] Ces demandes ne sont pas ouvertes à la négociation. […] Notre guerre contre la terreur commence avec Al-Qaïda mais elle ne se termine pas là. […] Nous poursuivrons les nations qui soutiennent ou abritent le terrorisme.

Ces attentats du 11-Septembre aux États-Unis ne pouvaient rester impunis. Ils ont causé la mort de 2 977 personnes et fait 6 291 blessés. À elle seule, l'attaque des deux tours du World Trade Center, symboles, pour les terroristes, de la suprématie financière américaine, a causé la mort de 2 753 personnes dont 343 pompiers et 60 policiers. L'Afghanistan se trouvait bien dans le collimateur américain. Nous savions tous, plus par la rumeur que par l'information, qu'Oussama Ben Laden était le bienvenu en Afghanistan depuis le retour des taliban en 1996, ainsi qu'Al-Zawahiri, son médecin personnel et le numéro deux d'Al-Qaïda qui avait déclaré le Djihad contre l'Amérique. Les terroristes de ce mouvement avaient déjà été impliqués dans les attentats simultanés contre les ambassades américaines de Nairobi, au Kenya, et de Dar es Salaam, en Tanzanie, qui avaient fait 224 morts et plus de 5 000 blessés. Le 30 septembre, les taliban confirment qu'Oussama Ben Laden se trouve bien en Afghanistan où il est protégé. Pas besoin d'être grand stratège pour prévoir que nous allions sentir le vent du boulet. À la maison, mon père et moi écoutions en permanence la BBC en pachto, souvent tard dans la nuit, et nous percevions l'étendue du cataclysme ressenti aux États-Unis. Le scénario d'une revanche américaine en Afghanistan semblait inévitable. Nous allions devenir les acteurs involontaires – et peut-être aussi les victimes – d'un conflit qui n'était pas celui du peuple afghan, mais de ces dirigeants cinglés que nous n'avions pas choisis et qui étaient nos tyrans.

Le conseil de l'OTAN déclara sa solidarité face à l'agression d'Al-Qaïda, le Pakistan s'aligna sur la position des Américains et donna trois jours aux taliban pour livrer Ben Laden. Le 30 septembre, les taliban proposaient aux États-Unis de négocier le sort de ce dernier, ce que Washington refusa. Le 2 octobre, l'OTAN répondit positivement à la demande d'assistance des États-Unis, de même que la Russie et les Nations unies. Les premiers bombardements ont commencé le 7 octobre, visant des cibles militaires, notamment la base de Bagram. Je suis resté à l'hôpital Wazir Akbar Khan pendant trois semaines d'affilée ; on opérait en permanence dans des conditions déplorables car nous n'avions plus assez de matériel et de médicaments. Les ONG rapatriaient leurs personnels et nous laissaient seuls avec des patients blessés que nous ne pouvions pas traiter. On voyait, haut dans le ciel, des bombardiers B52.

Le 12 ou 13 novembre, je ne sais plus, Kaboul est déserté par les taliban en fuite. Les premiers soldats étrangers que je rencontre sont des Britanniques dans une Land Rover décapotable de laquelle ils me font de grands signes amicaux.

Soudain, Najeeb sourit.

Tu sais quelle est la première chose que j'ai faite quand les taliban sont partis ? Je me suis rasé.

C'est incroyable la gueule que j'avais, la moitié rasée de mon visage était toute blanche, comme une tête de clown. À l'hôpital, impossible de se reconnaître. La veille, nous étions tous barbus, le lendemain, on avait tous les joues blanches.

25.

Les poils de barbe dans le lavabo

La coalition occidentale prend le contrôle de la ville de Kunduz, au nord-est de l'Afghanistan, qui se rend le 23 novembre 2001 ; huit mille personnes sont faites prisonnières et beaucoup mourront d'exactions diverses, d'exécutions sommaires, ou disparaîtront à la suite d'interrogatoires que certains, notamment la présidente du Tribunal pénal international, Fatou Bensouda, en novembre 2016, considèrent comme des tortures.

La veille, la bataille de Kandahar avait commencé. Elle s'achève le 7 décembre et marque la chute des taliban, la fuite à Vespa du mollah Omar, leur chef, et également celle d'Oussama Ben Laden. Il réussit à échapper aux forces spéciales américaines qui l'ont poursuivi, en vain, jusque dans les cavernes de Tora Bora, dans l'est du pays.

— À Kaboul, me dit Najeeb, souffle alors un vent de liberté extraordinaire, avec l'ouverture des écoles, notamment pour les filles, qui constitue un événement magnifique, plein de joie et d'exaltation. Les jeunes filles sourient, le visage découvert, sans burqa. Les rues résonnent de musique – une résurrection. On a vécu pendant cinq ans sous le joug mortifère des taliban qui avaient de la charia, la loi coranique, une conception intégriste. Notre vie quotidienne était un cauchemar rythmé par la stupidité de tous ces interdits confinant au ridicule, comme celui sur la taille des barbes – qui devaient être plus longues que la largeur d'une main. Des camionnettes pleines d'hommes enturbannés sillonnaient les rues de Kaboul avec des haut-parleurs : «Frères, l'heure de la prière approche, nous disaient-ils cinq fois par jour. Commerçants, fermez vos magasins, passants, rendez-vous à la mosquée la plus proche.» Par un décret de décembre 1996, prier sur la voie publique n'était plus autorisé.

Du jour au lendemain, cette folie longue de cinq ans disparaît. On peut revivre, se raser et regarder avec jouissance les poils de sa barbe emportés par l'eau du lavabo. Cinq ans de terreur, cinq ans d'avilissement. J'avais envie de hurler de joie, de courir et de montrer partout mes joues blanches, témoignage du retour de notre liberté, notre envie de vivre, de rire, de chanter, de danser, de revoir le sourire d'une femme. Dès les premiers jours de décembre, cette liberté était là, évidente et joyeuse, elle se respirait, se sentait à mille détails que n'auraient pas perçus ceux qui n'avaient pas vécu ces cinq années d'horreur.

La nuit est maintenant tombée sur la place du Trocadéro, j'écoute Najeeb depuis plus de deux heures. Son récit d'un passé douloureux et jusqu'à aujourd'hui, me semble-t-il, jamais évoqué, m'a beaucoup ému. D'un regard, je fais comprendre au serveur que oui, nous allons dîner, finalement.

Najeeb sourit.

— C'est vrai, j'ai faim.

Nous sommes un peu sonnés, tous les deux, Najeeb d'avoir parlé si longtemps, de façon si intense, moi, de l'avoir écouté avec tant d'attention et d'empathie. D'un geste spontané, il me serre fort le bras :

— Merci Éric, je ne sais pas ce qui m'arrive, mais depuis que nous avons quitté l'hôpital le 15 août, je n'ai quasiment pas dit un mot, sinon le strict nécessaire, alors il fallait que je t'en parle, j'étouffais sous le poids de ces souvenirs et de mes cauchemars. Parfois, tu sais, je me réveille la nuit et je touche mes joues pour vérifier que je n'ai pas de barbe, et je comprends que ce n'était qu'un mauvais rêve. Et je n'arrive pas à m'endormir de nouveau. Mon cauchemar, maintenant, c'est la réalité, les taliban sont revenus, ils sont à Kaboul, ils sont partout dans le pays, et, crois-moi, ils ne changeront jamais.

Je le sens épuisé, il ne touche pas à son plat.

— Finalement, je n'ai pas très faim, Éric.

— Moi non plus.

Nous partons donc. Najeeb a l'air vidé, il doit se reposer, se débrancher du passé et se ressourcer auprès de sa famille qui l'attend à Prague. Quant à moi, je me sens fourbu comme un psy sortant d'une séance avec un patient au bout du rouleau.

On se serre très fort, à l'afghane, sans un mot. Najeeb s'engouffre dans la bouche du métro, j'ouvre le coffre de ma moto garée à côté. Alors que je mets mon casque, je le vois réapparaître.

— Éric, me dit-il, tu crois qu'on pourra bientôt repartir à Kaboul ?

26.

Never Give Up

C'est une question que je ne cesse de me poser.

— On ne peut pas abandonner l'hôpital, les patients, Éric, c'est impensable.

— Najeeb, je ne peux pas te répondre, c'est trop tôt. Pour l'instant, notre hôpital reste ouvert et ne traite que des urgences vitales parce que les patients ont peur de se déplacer. Nos collègues afghans continuent à travailler. Quant aux financements, je suis dans le brouillard. Le gouvernement français, comme l'ensemble de la communauté internationale, ne reconnaît pas le régime taliban, ce qui va nous poser des problèmes. Notre financement français passait par l'Agence française de développement (AFD). Aujourd'hui, c'est fini. Nous allons demander le soutien du Centre de crise du ministère des Affaires étrangères face à la menace humanitaire. Pour le moment, on va vivre au jour le jour, nous n'avons pas d'autre choix, mais, je te dis ma conviction, pour moi, il est hors de question d'abandonner l'hôpital. Tu te souviens de Kate Rowlands, l'Anglaise qui gérait la Maison des enfants à Kaboul ?

Il esquisse un sourire.

— Oui, bien sûr.

— Eh bien, elle avait posé sur son bureau une plaque sur laquelle figurait cette injonction formidable : «*Never Give Up !*» N'abandonne jamais.

Najeeb reste un instant silencieux.

— Tu sais Éric, au sujet de cette jeune fille, Kamila…

— Oui.

— Eh bien, je n'en ai aucune nouvelle et suis très inquiet. Je vais essayer de reprendre contact avec elle grâce à Mohamed Rahimi, l'infirmier qui s'occupait de la pompe de circulation extracorporelle, au bloc. Il est de Kunduz, où se trouve encore toute sa famille, ils enverront quelqu'un prendre de ses nouvelles, et surtout lui apporteront les médicaments que j'ai réussi à trouver à la pharmacie de l'hôpital, notamment les diurétiques qui lui sont indispensables. Avec l'essoufflement qu'elle montrait lorsque je l'ai vue la dernière fois, fin juillet, elle est au bord de l'œdème pulmonaire. Seuls les diurétiques peuvent améliorer son état.

— Je sais, Najeeb, il faut qu'elle soit opérée, mais comment ? *A priori*, il n'y a pas trente-six solutions. Soit on l'opère dans notre hôpital à Kaboul, soit on la fait venir en France. Mais ces deux hypothèses sont, hélas, irréalistes. L'Afghanistan a fermé ses frontières, il n'y a plus d'avions, et Kamila n'a pas de passeport. D'ailleurs, en aurait-elle un qu'il ne lui servirait à rien car elle ne pourrait pas obtenir de visa puisqu'il n'y a plus d'ambassade de France à Kaboul non plus. La seule chose que l'on peut faire est de lui envoyer ses médicaments pour gagner du temps. Et on verra bien ce qui se passera.

— Éric, notre impuissance à sauver cette jeune fille m'est intolérable. Elle hante mes cauchemars elle aussi, comme Lila. Devant le grand-père de Kamila, j'ai pris l'engagement moral de m'occuper d'elle. Je ne supporte pas de ne pas avoir les moyens d'agir.

— Najeeb, repose-toi, épargnons-nous, nous ne sommes pas encore au bout du chemin.

27.

Une idée déraisonnable

Je me suis retrouvé à Kaboul en décembre 2001 par un enchaînement de circonstances qui vont changer ma vie.

Tout démarre avec les attentats du 11 septembre 2001 aux États-Unis. Nous nous souvenons tous de ce moment, du lieu où nous avons vu ces premières images hallucinantes. Au fil des heures, nous avons acquis la conviction que rien ne serait plus comme avant.

J'étais dans mon service, à l'hôpital de Pontoise, en train de visiter les patients, accompagné des internes, et c'est sur le téléviseur de l'un d'eux, opéré pour un pontage, que nous avons vu ce qui s'était passé au World Trade Center, dans le sud de Manhattan. C'était un tel choc que, sans nous rendre compte de l'incongruité de la situation, nous nous sommes assis, qui sur la chaise, qui sur le fauteuil ou sur le lit de ce patient aussi bouleversé que nous, hypnotisés par l'écran, incapables de bouger, de penser, de dire un seul mot pertinent. Nous avons vu la fumée noire dans le ciel bleu de New York, des survivants sortant des tours hébétés, couverts de plâtre blanc, les images poignantes de gens piégés par le feu et sautant des fenêtres pour s'écraser quelque quatre cents mètres plus bas. Deux d'entre eux, saisis par une photographie, se tiennent par la main dans leur plongeon vers la mort.

Puis vint l'effondrement des deux tours, d'abord la tour sud, à 9 h 58, puis la tour nord, à 10 h 28. En quelques secondes, le sud de Manhattan est balayé par un nuage véloce, énorme, dense et gris qui s'engouffre dans les rues, un déferlement de poudre de béton et de cendres chaudes. Devant cet immense nuage, des piétons tentent de sauver leur vie en courant, éperdus. Certains trouvent refuge dans des magasins, dont un cameraman qui filme le passage tumultueux devant la vitrine de cet ouragan toxique qui dure un temps infini alors qu'une vendeuse répète « *Oh, my God ! Oh, my God ! Oh, my God !* », une incantation venue de l'enfer sur terre. Dieu, s'il existe, ne semble pas l'avoir entendue dans son lointain paradis.

En quelques jours, la responsabilité du groupe terroriste Al-Qaïda et de son leader, Oussama Ben Laden, est établie. S'ensuit une brève campagne en Afghanistan de la coalition occidentale conduite par les Américains, associés à l'Alliance du Nord de feu le commandant Massoud. Après ce succès fulgurant, l'Alliance reprend Kaboul en novembre 2001.

C'est ainsi que je me suis retrouvé dans un tourbillon que nous avons nommé « la mission Afghanistan ». Tout a commencé ce même mois, novembre 2001, par une réunion à La Chaîne de l'Espoir, hébergée à l'époque à l'hôpital Broussais, à Paris. Il s'agissait de faire le point sur la situation dans ce pays alors que la guerre était en cours et que l'on jugeait probable la libération de Kaboul. Quand je suis arrivé au siège de La Chaîne, son président de l'époque, mon ami Alain Deloche, s'est exclamé : « Ha ! voici Éric l'Afghan. » Mais il y avait quelqu'un de plus afghan que moi dans cette assemblée, car j'avais invité un médecin urgentiste de mon hôpital de Pontoise, Nilab Mobarez, une Afghane réfugiée en France depuis 1989.

Au cours de cette réunion, l'idée de construire un hôpital pour enfants à Kaboul a prudemment émergé. Une idée déraisonnable, peut-être, mais vingt-deux ans plus tard, cet hôpital existe toujours et c'est un exploit.

Étaient également présentes autour de la table deux femmes, la journaliste Marine Jacquemin et la comédienne Murielle Robin, qui déploieront au fil des mois une énergie sans faille pour soutenir notre projet et qui en seront le catalyseur infatigable durant toute sa réalisation.

Il faut souligner le mouvement de solidarité et de générosité incroyable qui s'est développé à la libération de Kaboul et de l'Afghanistan. La compassion à l'égard du peuple afghan et de ses membres les plus fragiles, les femmes et les enfants, a été remarquablement portée et incarnée par Marine et Murielle qui se sont démenées pour mobiliser l'opinion en faveur de la cause afghane. Chez TF1, Claire Chazal nous a beaucoup aidés elle aussi.

Avec le recul, il est de plus en plus difficile de comprendre cet élan de générosité de l'année 2001 et des suivantes, quand on constate la dégradation progressive de l'image de l'Afghanistan dans le subconscient occidental. Au fil du temps, nous avons identifié ce pays au terrorisme, à la fois le refuge et la racine de tous les mouvements extrémistes, comme si le péché originel de l'accueil d'Oussama Ben Laden et d'Al-Qaïda restait une tache indélébile.

28.

Le lycée français

En novembre 2001, il était impossible d'avoir une vision claire de la situation à Kaboul et dans le reste du pays. Nous avons donc décidé d'effectuer une mission exploratoire avec Nilab Mobarez et le Pr Dominique Jan, chirurgien viscéral infantile spécialiste de la greffe hépatique. Nous voilà donc à Islamabad, au Pakistan, où nous arrivons non sans mal à monter dans le petit avion d'une douzaine de places des Nations unies qui nous emmène à Kaboul.

À peine à bord, je me précipite, sans égard pour la bienséance, et je m'assois près d'un hublot afin de voir ces montagnes de l'Hindou Kouch qui m'avaient tellement impressionné et épuisé quand je les avais arpentées dans les années 1980. J'admire ces sommets couverts de neige et de nuages, un paysage nu et plissé, un spectacle dont je ne me lasse pas, confortablement assis dans ce petit appareil qui ronronne. Il entame alors sa descente, des maisons couleur de terre se fondent dans le paysage à flanc de coteau, et nous plongeons vers Kaboul. L'avion opère une douce spirale pour s'aligner dans l'axe de la piste de la base aérienne de Bagram, largement utilisée par les Soviétiques après leur invasion de 1979, et devenue ensuite un enjeu majeur de la guerre civile qui s'achèvera avec la prise de pouvoir des taliban, en 1996. Cette base est aussi le pivot des opérations américaines tout au long de la guerre déclenchée en réaction aux attentats du 11 septembre 2001.

À terre, nous arrivons dans un espace fantomatique. Autour de nous, tout est détruit, cassé, tordu, le résultat de la folie destructrice de ces dernières décennies. Nous ne trouvons ni aérogare, ni bâtiment ou cabane faisant office de lieu d'accueil, rien, sauf deux voitures 4×4 qui nous conduiront vers Kaboul, cinquante kilomètres plus loin. Aucune formalité, aucun policier, aucun douanier n'atteste ni ne contrôle notre arrivée en Afghanistan, rien n'humanise ce décor de désolation sous un vent glacial qui balaie ce coin du bout du monde entouré de montagnes enneigées. Sur la route défoncée, des ponts détruits nous obligent à descendre dans l'oued, les voitures à quatre roues motrices montrant alors leur efficacité. Sur le bas-côté gisent de nombreuses carcasses de chars dont les chenilles ont été récupérées pour servir de ralentisseurs au milieu de la chaussée. Les faubourgs de Kaboul apparaissent avec leur lot de destructions. Je me souviens de ce que m'avait dit Najeeb : jusqu'à quatre mille roquettes étaient tirées chaque jour sur la ville durant cette guerre civile menée entre les factions d'Hekmatyar et de Massoud. Une destruction totale. Des pans de mur s'élèvent vers le ciel, les maisons en pisé, éventrées, sont souvent toujours habitées, les familles vivant sous un bout de toit et de grands tissus troués. Un homme enturbanné sort d'un cadre de porte qui n'est plus entouré d'aucune construction. D'autres récupèrent des briques dans les gravats afin de rebâtir ou de consolider leurs habitations démolies. Quelques devantures de magasins vides restent bizarrement intactes. Dans ce chaos urbain, Nilab est intarissable.

— Regarde, Éric, là, c'est le lycée français Esteqlal, celui des garçons. Il y avait le même pour les filles, le lycée Malalaï, mon lycée.

Elle me raconte l'histoire extraordinaire de ces deux établissements, laquelle commence en 1922. Cette année-là, le roi afghan Ghazi Amanullah Khan, souverain moderniste et réformateur, fait connaître à la France son souhait de voir son pays recevoir une aide pour étudier, valoriser et protéger son patrimoine culturel. Ainsi naît la Délégation archéologique française en Afghanistan, la DAFA.

C'est l'archéologue Alfred Foucher (1865-1952), spécialiste du bouddhisme, qui inaugure les premiers travaux, et cela commence mal. Foucher décide d'explorer le site de Balkh, l'antique Bactres, au nord du pays, lieu mythique pour les archéologues de l'époque. Hélas, les dix-huit mois de fouilles s'avèrent infructueux. « Aucune réalité matérielle ne vient étayer le mythe, qui n'est donc qu'un mirage », déclare Foucher, désabusé.

Mais, avec la DAFA, les archéologues français sont les premiers étrangers à obtenir du roi Amanullah le droit de séjourner en permanence sur le territoire afghan. C'est le début d'une amitié singulière et persistante entre la France et l'Afghanistan, qui ne se démentira pas au fil des années malgré les gouvernements successifs et l'effacement progressif de la langue française, longtemps parlée par l'élite afghane, au profit du russe, puis, maintenant, de l'anglais.

En 1923, le roi confie à la France la direction des deux principaux lycées de Kaboul, l'Esteqlal (Indépendance), et le Malalaï (la « Jeanne d'Arc afghane », ainsi surnommée pour avoir rallié l'armée pachtoune lors de la bataille de Maiwand, en 1880, contre les troupes britanniques). En 1931, le baccalauréat afghan de ces deux lycées est reconnu par Paris comme l'équivalent du bac français. Cette relation d'amitié a été amplifiée par le souverain Zaher Shah durant son règne, de 1933 à 1973.

En 1965, il se rend en visite officielle en France et rencontre le général de Gaulle qui décide de renforcer l'aide française à l'Afghanistan, notamment par la reconstruction du lycée Esteqlal. La première pierre sera posée par Georges Pompidou, alors Premier ministre, le 8 mai 1968. À Paris, des étudiants occupent la Sorbonne.

Nilab est bouleversée devant son ancien établissement en partie détruit et pillé. Celui des garçons n'a pas été épargné non plus. Lorsque les chefs islamiques Hekmatyar et Massoud se disputaient Kaboul à coups de canon, la ligne de front s'est fixée non loin du lycée qui a accueilli quelques pièces d'artillerie, ce qui lui a valu plusieurs tirs de roquettes en représailles. De nombreux arbres entourant l'établissement ont été coupés pour servir de bois de chauffage, et le mobilier des classes a subi le même sort.

— C'était un endroit merveilleux que j'ai adoré, me dit Nilab. Tu te rends compte, ce lycée a accueilli et enseigné le français à des générations d'Afghans, de l'ancien roi Zaher Shah au commandant Massoud, en passant par l'écrivain et prix Goncourt Atiq Rahimi.

Elle ne cite pas Najeeb, qu'elle ne connaît pas encore, mais lui aussi a étudié dans ce lycée français.

Nilab reprend son récit.

— Dans une aile de l'Esteqlal se trouvait le centre culturel français avec un auditorium de cinq cents places. J'adorais y aller avec mon père pour la remise des diplômes, pour voir des films souvent récents et en français, pour assister à des expositions ou des conférences qui rythmaient notre vie sociale et culturelle. C'était un havre de paix et de culture. Peut-être le sera-t-il à nouveau, maintenant que les ombres bleues des femmes en burqa et les hommes barbus ont disparu ?

Nous poursuivons notre promenade dans cette ville blessée, mais qui semble se réveiller d'une torpeur de cinq années. Une chose me frappe lors de nos premières heures à Kaboul : cette odeur singulière qui ne vous quitte plus, un mélange de relents d'essence, de bois brûlé, de kebabs graisseux, de laine de mouton et de l'écœurant aigre-doux des ordures. Et puis, de temps en temps, le délicieux parfum des fours à pain. À chaque voyage ici, j'aspire ce puissant cocktail olfactif et je sais que je suis à Kaboul.

Nilab continue à se lamenter des destructions ou à s'émerveiller d'un bâtiment encore debout malgré les murs vérolés par les impacts de balles.

29.

Le cinéma Ariana

— Regarde, Éric, le cinéma Ariana !

Nous venons d'arriver du côté nord de la rivière Kaboul, près de la place Pashtunistan. Ariana, le deuxième cinéma le plus ancien du centre-ville après le Behzad, est en ruine.

— L'Ariana, s'exclame Nilab, c'est la magie dans les années 1980, «*the place to be !*», la fierté de Kaboul, on s'y rendait en tenue de gala, une jolie robe, un beau costume, des parfums capiteux. On allait voir des films de François Truffaut ou de Jean-Luc Godard avant de finir la soirée dans un restaurant aux alentours.

Nous entrons et les propos de Nilab, dans ce paysage lunaire, me serrent le cœur. À travers le plafond de l'Ariana, troué de toutes parts, des rayons de soleil, comme des tubes lumineux, semblent jouer avec les décombres. Lourdement endommagé lors des bombardements de la guerre civile entre moudjahidines, ce cinéma a été fermé[1], comme les autres, par les taliban quand ils ont pris le contrôle de la capitale. Pour eux, la représentation de la personne est interdite, et celle de la femme, encore pire, un outrage absolu.

Au fil de notre pérégrination, nous nous imprégnons de l'ambiance si particulière qui flotte dans cette ville lépreuse, entre les destructions impensables et l'ébauche d'une renaissance. Une musique sort par la porte d'une échoppe, on aperçoit dans le ciel quelques cerfs-volants maniés avec dextérité par des enfants en guenilles sur les toits, on voit aussi, parmi des femmes en burqa, d'autres légèrement voilées.

Les jours suivants, nous visitons les principaux établissements hospitaliers de la ville et sommes effarés devant un tel dénuement, le désarroi des soignants, l'absence d'équipements en état de marche, de « consommables », à savoir les outils médicaux à usage unique qui assurent hygiène et stérilité des matériels. Nos confrères afghans n'ont plus d'antibiotiques, ni de solutés de perfusion, ni même de simples fils de suture. Leurs besoins sont énormes et je vois Dominique inscrire sur son carnet la longue liste des consommables les plus urgents qu'ils réclament.

---

1. L'Ariana sera reconstruit et inauguré en 2004 grâce à l'association Un cinéma pour Kaboul, présidée par Claude Lelouch.

La visite de l'hôpital Indira-Gandhi, inauguré en 1969, s'avère plus éprouvante encore car il s'agit d'un établissement pédiatrique. S'il présente le même désolant spectacle de dénuement que les autres hôpitaux, ici, les malades sont des enfants, des nourrissons, maigres, le regard éteint, résignés, mourant de faim et d'hypothermie. Ils dorment à plusieurs dans le même lit, serrés les uns contre les autres, dans des chambres glaciales aux fenêtres cassées. Sous l'effet du gel, la plomberie a éclaté. Nilab pleure face à cette insondable désolation.

Nous nous arrêtons enfin à l'hôpital Ali-Abad, haut lieu de la coopération franco-afghane, dans lequel a travaillé Nilab. Niché au pied d'une colline grise à l'ouest de Kaboul, cet établissement universitaire est à l'image de l'Afghanistan : les cicatrices des guerres omniprésentes, des bâtiments éventrés réparés à la va-vite avec les matériaux disponibles.

L'hôpital Ali-Abad a été construit en 1928 par les Turcs, m'apprend Nilab, et la coopération médicale franco-afghane a commencé à Kaboul en 1947 avec l'envoi d'un important contingent de médecins et de chirurgiens français dans cet établissement. Puis est arrivée la première Petite Sœur de Jésus, sœur Chantal, toujours présente à Kaboul en décembre 2001. À partir de 1967, s'instaure une coopération très fructueuse avec les Hospices Civils de Lyon. Elle sera interrompue durant la période des taliban, mais l'hôpital continuera de fonctionner au ralenti avec la création d'un mur séparant les services des hommes de ceux des femmes.

En sortant, nous nous asseyons sur un banc en attendant la voiture, assommés par le cumul des tristes constats des derniers jours, l'inimaginable niveau de destruction et de misère du tissu hospitalier.

***

La veille, nous avons eu une longue conversation avec un responsable de l'Organisation mondiale de la santé (OMS) qui nous a dressé un tableau dramatique du contexte médical. Plus d'un quart de siècle de troubles politiques et de guerres (de 1973 à 2002) a laissé le secteur de la santé en ruine. La plus grande partie de la population n'a pas accès aux soins les plus élémentaires. L'espérance de vie à la naissance est tombée à 47,2 années pour les femmes et à 45,3 pour les hommes. Un enfant sur quatre décède avant sa cinquième année, le plus souvent d'une pathologie infectieuse, donc évitable, telle une infection respiratoire ou une diarrhée. La mortalité maternelle s'établit autour de 20 %. Malnutrition et absence d'hygiène restent la norme. Un état des lieux épouvantable encore aggravé par l'exode des médecins diplômés vers les États-Unis, l'Allemagne et la France.

Ces jours passés à Kaboul me laissent dans une curieuse ambivalence, entre l'effarement face à l'étendue des destructions, et le souffle nouveau que l'on ressent après cette libération récente du joug taliban. Je suis aussi très touché par l'empreinte encore visible de la présence française à Kaboul que démontrent les deux lycées et la longue histoire de notre coopération médicale.

30.

Les femmes et les enfants d'abord

La veille de notre départ pour Paris, nous nous retrouvons au Nassib, un restaurant plein de vie, de bruits, de lumières, situé à Chicken Street, une rue étroite dans le très populaire quartier de Shahr-e Naw, célèbre pour ses tapis, son artisanat, ses bijoux et ses antiquités, fréquenté par les hippies occidentaux dans les années 1960 et 1970. En ce mois de décembre 2001, Kaboul me fait penser à une « belle endormie » des contes de fées de notre enfance. Elle sort d'un long sommeil de cinq années et se réveille avec, sur la joue, le baiser de la liberté retrouvée.

Au cours de ce dîner, nous échangeons nos impressions, et le constat s'avère unanime : la situation sanitaire dramatique affecte l'ensemble du système hospitalier de Kaboul et nécessite une stratégie à la hauteur des besoins. Une discussion passionnée s'ensuit au cours de laquelle nous essayons d'aborder toutes les possibilités, dont la réhabilitation de l'hôpital Ali-Abad ou de l'Indira-Gandhi, mais les difficultés techniques et politiques semblent insurmontables et nous entraîneraient vers des années de négociations longues et laborieuses, incompatibles avec l'urgence de la situation.

Dans d'autres cas difficiles, comme au Vietnam, au Mozambique ou au Cambodge, nous avons toujours privilégié la construction d'un hôpital neuf, ce qui est plus rapide, plus efficace et moins coûteux que la restauration d'un bâtiment ancien. Ainsi, nous évoquons l'idée, folle, mais séduisante, je dirais même émouvante, de construire ici un nouvel hôpital.

— Dans les naufrages, lance Dominique Jan, on dit toujours : « Les femmes et les enfants d'abord. » Je vous propose de faire la même chose : d'abord un hôpital dédié aux enfants, ensuite, une maternité.

Et, chose incroyable, c'est ce que nous avons fait.

31.

Un autocar pour Kunduz

En ce soir de novembre 2021, j'entre dans mon bureau de La Chaîne de l'Espoir, à Paris, et découvre en ouvrant mon ordinateur l'habituel empilement de mails, conséquence d'une journée entière passée au bloc opératoire de l'hôpital de Pontoise. Parmi ces messages, je m'arrête sur celui envoyé par Mohamed Rahimi, l'infirmier de Najeeb, intitulé «*News from Kamila*» et dont Najeeb est également destinataire.

«*Dear Doctor Eric, Dear Doctor Najeeb…*»

En quelques lignes, Mohamed Rahimi tient à nous rassurer : il a fait parvenir les médicaments à une personne proche de Kamila, sans préciser laquelle, et leur bonne réception lui a été confirmée. Ce mail ne nous dit rien de plus et me laisse frustré d'une information sur l'état de santé de la jeune fille. J'ouvre mon téléphone et vois deux appels manqués de Najeeb, suivis d'un message m'informant qu'il passerait à 18 h 30 ce soir-là à La Chaîne pour me parler. Je l'attends. Il doit bouillir intérieurement.

— Éric, ce mail de Mohamed Rahimi me fâche, il ne nous donne aucune nouvelle de Kamila alors que c'est la seule chose importante. Je sais parfaitement ce qui s'est passé : il s'est rendu à la station de bus au nord de Kaboul, il a demandé à un chauffeur partant pour Kunduz de se charger du paquet de médicaments moyennant un petit billet, et après huit heures de route, dans le meilleur des cas, ledit chauffeur a remis les médicaments à l'oncle de Kamila ou à quelqu'un de son entourage. Et rien, pas le moindre renseignement sur sa santé, sur son état psychologique, ses conditions de vie. Son grand-père est mort, comme tu le sais, donc sa famille se réduit à pas grand-chose. Cela me rend fou. Imagine ce qu'elle doit vivre en tant que jeune fille non mariée à dix-sept ans ? Un cauchemar, Éric. Est-ce que quelqu'un l'aide ? Je n'en sais rien. A-t-elle faim ? A-t-elle été vendue par son oncle pour la marier avec un vieux ? On ne sait rien sinon que s'annonce un désastre. Regarde *Le Monde* d'hier soir – il me tend le journal, qui publie un article au titre terrifiant : « L'Afghanistan ne peut pas attendre. La famine arrive[1]. »

1. Alain Frachon, « L'Afghanistan ne peut pas attendre. La famine arrive », *Le Monde*, 23 décembre 2021.

32.

La famine et les sanctions

En fait, la malnutrition, sinon la famine, est déjà présente dans les campagnes, après plusieurs années de sécheresse et de silos à blé vides.

En décembre 2021, soit quatre mois après le retour au pouvoir des taliban, l'hiver fait peur aux Afghans qui n'ont plus grand-chose à manger. Selon une étude du Programme alimentaire mondial de l'ONU, le PAM, « une crise humanitaire aux proportions incroyables est devenue encore plus complexe et grave depuis que les taliban ont pris le contrôle du pays[1] ». L'économie afghane s'est effondrée et les aides internationales ont été suspendues ; dès lors, la monnaie locale est au plus bas et les prix alimentaires au plus haut, de nombreuses personnes ont perdu leur emploi, d'autres ont émigré. Cette situation, déclare cette étude, crée « une nouvelle classe de personnes souffrant de la faim

1. fr.wfp.org

en Afghanistan». Il s'agit de 18 900 000 Afghans qui ne mangent pas à leur faim.

La malnutrition dépassait alors les seuils d'urgence dans vingt-cinq des trente-quatre provinces du pays et elle devrait encore s'aggraver et atteindre près de la moitié des enfants de moins de cinq ans et un quart des femmes enceintes ou qui allaitent et nécessitent un soutien nutritionnel.

À l'approche de l'hiver, faire entrer de la nourriture dans le pays et la stocker à des endroits stratégiques est désormais la tâche la plus urgente pour le PAM. Une fois la neige installée, les routes seront coupées et les communautés bloquées.

***

Cette détresse alimentaire a plusieurs origines, notamment deux années de sécheresse, mais aussi la soudaineté des sanctions occidentales, donc l'arrêt des aides internationales et le gel des avoirs afghans à l'étranger. Dès la prise de pouvoir des taliban, dont le régime n'est pas reconnu par les autorités internationales, des sanctions sont décidées. Avant le 15 août, les financements extérieurs représentaient 75 % du budget de l'Afghanistan. Sans eux, le système bancaire s'écroule, il devient impossible de payer les fonctionnaires, de retirer de l'argent de son compte personnel, une déroute totale.

Les actions humanitaires venues de l'Occident ont toutes connu un coup d'arrêt, notamment le soutien important de la Banque mondiale à Kaboul. Les avoirs de la banque centrale afghane, évalués par le FMI fin avril 2021 à 9,4 milliards de dollars, ont été – prudemment – placés par l'ancien gouvernement à l'étranger, notamment aux États-Unis où 7 milliards de dollars se trouvent gelés. Le Fonds monétaire international (FMI) a cessé lui aussi de financer l'Afghanistan, et n'active pas les centaines de millions de dollars en droits de tirage spéciaux pouvant être convertis en devises en temps de crise. Malgré la reprise des activités bancaires en Afghanistan fin août, la Banque centrale afghane ne peut accéder qu'à une fraction de ses financements habituels[1]. On craint des pénuries alimentaires, une hausse de l'inflation et un effondrement de la monnaie, ce qui entraînerait une intensification de l'urgence humanitaire dans le pays.

Les villages reculés manquent de médicaments et de denrées alimentaires de base. Fin novembre 2021, l'OMS estimait à plus de trois millions le nombre d'enfants atteints de malnutrition aiguë, et ajoutait qu'un million d'entre eux pourraient mourir de faim. C'est la réalité de l'Afghanistan

1. https ://www.migrationdataportal.org/fr

aujourd'hui, et les sanctions occidentales vont encore aggraver la situation.

Les raisons avancées pour justifier ces sanctions sont nombreuses : la brutalité des taliban, leur soutien au terrorisme, l'interdiction de l'éducation pour les filles et l'obligation faite aux femmes d'abandonner toute vie publique ou professionnelle. Un paradoxe se fait jour : les sanctions suscitées en partie par le mauvais traitement réservé aux femmes vont les affecter directement. « C'est une folie de penser que nous allons sacrifier quinze millions de femmes pour défendre leurs droits », affirmait au *Financial Times* un responsable étranger sous couvert d'anonymat[1].

Directeur du Centre de santé humanitaire de l'école de santé publique Johns-Hopkins Bloomberg, Paul Spiegel pense à peu près la même chose. Après une mission en Afghanistan, il déclarait, dans un article du *Washington Post*[2], que, si les États-Unis et les gouvernements occidentaux ne changeaient pas leur politique envers l'Afghanistan, « les Afghans seront plus nombreux à mourir sous l'effet de ces sanctions que de l'action des taliban ».

---

1. Benjamin Parkin, Fazelminallah Qazizai, « "Now I have nothing" : economic collapse pushes Afghanistan to brink of famine », *The Financial Times*, 17 décembre 2021.

2. Paul Spiegel, « Hospitals are collapsing in Afghanistan. At this rate sanctions will kill more people than the Taliban », *The Washington Post*, 16 décembre 2021.

33.

Hawala

Dans ce chaos financier qu'est devenu l'Afghanistan, alors que les coffres des banques sont vides et que Western Union et Moneygram, habituellement utilisés pour les transferts d'argent, ont quitté le pays, une bouée de sauvetage existe : l'*hawala.* Il s'agit d'une méthode traditionnelle et informelle de transfert d'argent propre aux pays musulmans. Ces transferts peuvent être locaux, régionaux ou internationaux et reposent sur un réseau de courtiers nommés « hawaladars ». Selon certaines estimations, 90 % des transactions financières afghanes passent par l'hawala, avec plus de neuf cents prestataires opérant dans tout le pays.

Cette méthode n'a jamais été appréciée des autorités, notamment parce qu'elle ne laisse aucune trace des transferts effectués, mais son caractère traditionnel et informel rend son interdiction difficile. Même si certains des prestataires ont été associés au blanchiment d'argent et au financement du terrorisme, ils sont devenus d'une importance vitale pour les Afghans qui ont la chance d'avoir des parents ou amis dans des pays musulmans pouvant leur envoyer de l'argent. Ce mécanisme est également essentiel pour ceux vivant sans compte bancaire, soit environ 15 % des habitants du pays. Enfin, il permet aussi aux ONG, dont La Chaîne de l'Espoir, de recevoir des financements de l'étranger et de continuer d'agir au service des Afghans.

Samuel Munzele Maimbo, auteur d'un document de la Banque mondiale publié en 2003, affirme que la population afghane a utilisé ce secteur financier informel « pendant des centaines d'années ». « Les hawaladars, qui ont opéré dans les souks et les marchés en plein air, ont offert aux Afghans le plus solide, le plus facile, le plus sûr et le moins cher système de transferts de fonds venus des régions les plus lointaines[1]. »

---

1. Samuel Munzele Maimbo, « The Money Exchange Dealers of Kabul. A Study of the Hawala System in Afghanistan », *World Bank Working Paper* n° 3, 2003.

34.

Même malade

— Tu sais, Éric, me dit Najeeb, personne à l'étranger ne se rend compte de ce qui se passe en Afghanistan depuis le 15 août : imagine les Khmers rouges revenant à Phnom Penh, ou les nazis en France, quel traumatisme, quelle panique ce serait ! On sait de quoi les taliban sont capables, on ne l'a pas lu, on l'a vécu ! Qu'ils soient revenus me semble tellement incroyable que je lis tout ce qui s'écrit sur l'Afghanistan dans les journaux et sur les réseaux sociaux. Pour essayer de comprendre l'incompréhensible. Ainsi, je conserve un lien avec mon pays. Il y a maintenant trois mois et demi qu'on a fui Kaboul, qu'on a abandonné notre hôpital, que j'ai réveillé deux jeunes patients sur la table du bloc, quatre mois que j'ai promis au grand-père de Kamila d'opérer sa petite fille. Alors, certains jours, je trouve insupportable de voir à longueur d'articles mon pays, mon hôpital, s'enfoncer dans la misère, l'obscurantisme, la rigidité dogmatique. Bien sûr, se focaliser sur le drame de Kamila peut sembler réducteur comparé aux enjeux actuels, mais on ne se refait pas, Éric, nous sommes chirurgiens, alors je me concentre sur la seule chose que je sais faire : opérer, et en l'occurrence, opérer Kamila. Comme ça, je reste dans le concret.

— Mais comment faire, Najeeb ?

— En lui faisant parvenir un téléphone portable pour communiquer avec elle ou avec son oncle. On va utiliser le même système que celui de Mohamed Rahimi et du chauffeur de bus. Une fois le contact établi, on saura exactement son état clinique. Je te propose ensuite de la faire venir à Kaboul dans la Maison des enfants, elle y sera à l'abri et on pourra la surveiller médicalement.

— À l'abri de quoi ?

— Elle a dix-sept ans, Éric, c'est une proie évidente pour un mariage forcé.

— Même malade ?

— Même malade. Elle représente une manne financière potentielle si son oncle, que nous ne connaissons pas, souhaite la vendre et dans le même temps avoir une bouche de moins à nourrir, ce qui compte.

— Oui, tu as raison, faisons cela. Et tu sais, j'ai une bonne nouvelle.

— Une bonne nouvelle ? Dis-moi, elles sont si rares.

— J'ai appris que quelques ONG, sous l'égide de l'ONU, commencent à renvoyer du personnel sur le terrain en le faisant passer par le Tadjikistan. J'attends d'avoir plus d'informations avant de prendre une décision pour nos équipes de La Chaîne.

— Éric, tu sais que je suis prêt à repartir à Kaboul, tu as un seul mot à dire et je suis ton homme.

Je souris. Je sais qu'il tourne en rond comme un lion en cage depuis son exil forcé d'août dernier.

35.

La charia et rien d'autre

En attendant de trouver le moyen de revenir à Kaboul, nous décidons d'un nouveau dîner place du Trocadéro. Je gare ma moto au moment où Najeeb émerge du métro, plusieurs journaux sous le bras.

Après avoir commandé – entrecôte pour Najeeb, sole meunière pour moi –, nous abordons notre sujet de conversation favori, l'Afghanistan.

— Je n'ai jamais cru aucune des promesses fumeuses de ce gouvernement qui se prétend « inclusif », Éric.

— Moi non plus.

— Ils mentent comme ils respirent. Les prétendus « élargissements » ministériels du 21 septembre et du 4 octobre n'ont pas changé la donne, c'est toujours un gouvernement de taliban dans lequel s'impose la branche dure de Kandahar avec une majorité écrasante de Pachtounes et de religieux. J'ai fait le calcul. Parmi les cinquante-deux ministres et leurs adjoints, on compte trente-quatre mollahs ou oulémas. Tout cela dans l'ombre omniprésente de l'invisible chef suprême des taliban, le mollah Haibatullah Akhundzada, jamais apparu publiquement et qui vivrait toujours à Kandahar. Il a été nommé à ce poste après la mort de son prédécesseur, Akhtar Mansour – tué par un drone américain alors qu'il se trouvait au Pakistan –, l'ancien bras droit du défunt mollah Omar. Cet invisible Akhundzada était auparavant l'un des chefs des tribunaux islamiques les plus connus pour leur brutalité.

L'Afghanistan, donc, sera bien dirigé par un conseil ayant à sa tête ce guide suprême invisible. Et l'un des cadres du mouvement, Waheedullah Hashimi, annonce la couleur. Il a déclaré à l'agence Reuters : « Il n'y aura pas de système démocratique parce que cela n'a aucun fondement dans notre pays. Nous n'allons pas discuter du type de système politique, c'est clair : la charia, un point, c'est tout. »

— Najeeb, dis-moi, la charia, la loi islamique, ne semble pas être tout à fait la même selon les pays. Comment la définirais-tu ?

— Dis donc, c'est un dîner très sérieux, alors ?

— Si tu veux, on parle d'autre chose.

Il rit, lui toujours si sérieux.

— Non, non, mais ce n'est pas un sujet facile parce que, comme tu le dis, l'interprétation de la charia peut changer d'un pays à un autre. Théoriquement, il s'agit de la loi islamique, elle régit donc l'ensemble des droits et des devoirs individuels et collectifs des musulmans. C'est aussi la Constitution de l'islam puisqu'elle codifie la vie quotidienne. Ses bases sont le Coran et la Sunna, le livre qui reprend les propos du prophète Mohammed, mais il n'existe pas de guide de la charia avec des articles gravés dans le marbre. Elle peut être appliquée de façon répressive, comme au Soudan, par exemple, ou de façon plus permissive en Égypte. De même, la tenue des femmes n'est pas la même selon les pays. Le port et la forme du hijab – le voile islamique – diffèrent selon les pays. Il peut recouvrir l'intégralité du corps ou simplement les cheveux. La charia régit à la fois les transactions financières, les infractions pénales, le droit de la famille et même l'alimentation des musulmans.

— Et chez les taliban, existe-t-il des interprétations différentes ?

— Tu sais Éric, il faut arrêter d'analyser la moindre déclaration des taliban et voir dans certaines d'entre elles les éventuelles prémices d'un adoucissement. Non, les taliban sont très clairs, pour eux, comme ils l'ont dit, c'est la charia, un point, c'est tout. Les taliban d'aujourd'hui rejoignent à grande vitesse ceux d'hier, au pouvoir de 1996 à 2001. On assiste à la stricte répétition des interdits d'autrefois. Avec eux, l'Afghanistan devient le seul pays au monde qui interdit aux filles l'accès au collège et au lycée. Les femmes sont écartées du pouvoir, mais aussi de leur travail, puis progressivement de la vie publique[1]. Tu sais sans doute que Nilab Mobarez, la directrice du Croissant-Rouge, a été évincée quelques jours après la prise de pouvoir des taliban et remplacée par un mollah. Tu te souviens du bâtiment qui abritait le ministère des Affaires féminines ? Il a rouvert ses portes le 17 septembre avec un nouvel occupant : le ministère de la Promotion de la vertu et de la Prévention du vice.

— Non ?

— Si. Attends, ce n'est pas tout. Plus de cent cinquante médias ont été fermés dans le pays, les journalistes sont menacés. Et, en plus du marasme politique, nous entrons dans une situation économique catastrophique. Pour débloquer les fonds afghans à l'étranger, il faudrait une reconnaissance du régime par la communauté internationale, et mon expérience des premiers taliban me fait penser que ce n'est pas près d'arriver.

— Bon, trouvons un sujet plus joyeux.

---

1. On peut lire à ce sujet l'article de *ONU Info* du 15 août 2022, « Un an après la prise du pouvoir par les Talibans, trois agences de l'ONU s'engagent en faveur des Afghanes ». Sima Bahous, directrice exécutive de ONU Femmes qualifie cette situation « d'automutilation ».

Najeeb me regarde en souriant.
— Rien de drôle ne me vient à l'esprit, Éric.
Nous rions enfin tous les deux.
— Mange ton entrecôte, elle va refroidir.
Il sourit et coupe sa viande.
— Merci pour toutes ces informations.
— De rien. Quand partons-nous à Kaboul ?

36.

Grandes idées, petit budget

Début 2002, nous nous sommes tous retrouvés à Paris, à La Chaîne de l'Espoir, pour raconter notre mission exploratoire et la découverte de ce Kaboul meurtri, mais libéré. Nous avons bien sûr abordé notre idée de construire un hôpital axé dans un premier temps sur l'enfant puis, dans une deuxième phase, sur la femme. Notre présentation n'a pas eu l'effet espéré. Mais stimulés par l'énergie et l'enthousiasme sans faille de Marine Jacquemin et de Murielle Robin, nous nous sommes tout de même mis à l'ouvrage sur cette première phase consacrée à l'enfant en élaborant un projet médical cohérent, puis un programme architectural ambitieux. Nous avons établi qu'il nous fallait soixante lits d'hospitalisation, quatre salles d'opération, un service de réanimation de dix lits dont deux d'isolation, un service de radiologie avec scanner, IRM, laboratoire de biologie et de bactériologie entièrement équipé, un service d'urgence, trois groupes électrogènes puissants pour rester autonomes en cas de coupure de courant et permettre le fonctionnement des blocs opératoires et de la réanimation. Nous jugeons nécessaire de créer, dans l'enceinte de l'hôpital, ce que nous appellerons une « Maison des médecins », une sorte de *guest house* afin de loger médecins et infirmiers en mission à Kaboul, qui pourront ainsi agir vite en cas d'urgence. Nous verrons plus tard comment assurer leur sécurité.

À ce projet médical et architectural s'ajoutait le dossier financier. Le coût global s'élevait aux alentours de six millions d'euros auxquels il fallait, bien entendu, ajouter le coût des équipements, estimé à 2 500 000 euros, prix relativement modéré grâce à la récupération possible d'une quantité importante de matériel (lits, mobilier, matériel chirurgical) provenant de l'hôpital Broussais qui fermait ses portes pour migrer vers le futur hôpital Georges-Pompidou. Grâce aux campagnes de levées de fonds, nous obtenons les promesses de mécénat de nombreuses entreprises françaises, notamment Suez, Areva, Allergan, Crédit agricole, Veolia, Siemens, Sanofi Aventis et Olympus.

Projet médical, projet architectural, budget modeste et réaliste, voilà un joli dossier. En réalité, tout restait à faire, avec une priorité : présenter notre idée aux autorités afghanes. Je repars donc à Kaboul en avril 2002.

37.

Rattraper le temps perdu

Le voyage est beaucoup plus simple que le précédent car on peut maintenant, depuis Dubaï, prendre un vol direct pour Kaboul grâce à la compagnie afghane Ariana Airlines qui a connu une renaissance avec de vieux avions un peu branlants, mais qui semblent décoller et atterrir comme les autres. Disons que je l'espère, car des carcasses d'avion longent la piste… Toujours délabré, l'aérogare est cette fois-ci animé. On y croise des voyageurs étrangers, hommes d'affaires, journalistes, espions ou diplomates, et peut-être tout cela à la fois.

En quelques mois, Kaboul s'est transformée, mais garde la même odeur. Les rues grouillent de vie et d'allégresse, avec des embouteillages, de la musique à tue-tête, des devantures plus ou moins stables où l'on trouve télévisions, portables, ordinateurs dernier cri. Chacun semble vouloir rattraper le temps perdu. On côtoie de nombreux expatriés et une noria de Toyota Land Cruiser blanches, arborant sur leurs portières les signes d'agences internationales. Et, chose incroyable, Internet est présent dans les cafés et sur les murs avec les publicités géantes des nouveaux opérateurs locaux de téléphonie.

Nilab a trouvé derrière la faculté de médecine un terrain que nous observons de loin car l'endroit n'est pas encore déminé. Même avec mon imagination fertile, j'ai du mal à visualiser un futur hôpital sur ce terrain inégal où repose une vieille bâtisse réduite à quelques murs à moitié effondrés.

Outre cet éventuel terrain, Nilab nous a obtenu un rendez-vous avec le président afghan Hamid Karzai.

38.

Hamid Karzai

Le président nous reçoit au palais Arg de Kaboul, l'ancienne résidence du roi Zaher Shah, une véritable forteresse dans laquelle on ne pénètre qu'après avoir parcouru plusieurs centaines de mètres à pied le long d'une protection en béton plantée au milieu d'un parc magnifique, arboré et fleuri. Après une série de checkpoints des forces spéciales afghanes, avec fouille et passage devant des chiens renifleurs, nous sommes accueillis par un chef du protocole parfaitement francophone qui nous conduit dans un salon où il nous invite à patienter. Par la porte entrouverte, je vois des soldats américains portant gilet pare-balles, micro-cravate et armes sophistiquées. Manifestement, l'endroit est hypersécurisé. Les menaces sur la personne d'Hamid Karzai sont bien réelles, comme l'a montré la tentative d'assassinat à laquelle il a échappé de justesse à Kandahar, le 5 septembre 2002.

Né en 1957, chef de la tribu pachtoune des Popalzai, Karzai a étudié les sciences politiques et les relations internationales en Inde. De retour en Afghanistan, il a rejoint la résistance contre l'intervention soviétique. Nommé vice-ministre des Affaires étrangères du gouvernement intérimaire en 1992, il est devenu l'opposant au régime des taliban instauré en 1996.

Commencée dans l'euphorie du renversement du régime taliban, l'année 2002 a vu l'Afghanistan s'engager sur la voie de la paix et de la reconstruction, mais la situation sécuritaire, politique et humanitaire du pays reste fragile. Fin décembre 2001, une « autorité de transition » issue des accords de Bonn, en Allemagne, et que dirige Karzai, s'installe à Kaboul. Depuis, ce dernier a vu sa présidence légitimée pour deux ans par une *Loya Jirga*, grande assemblée traditionnelle afghane. Il n'a pas encore réussi, cependant, à étendre son pouvoir sur l'ensemble du pays.

Après vingt minutes d'attente, nous voici dans son bureau, au premier étage. Il vient à notre rencontre et nous salue, Nilab et moi, à l'afghane, la main sur le cœur, puis nous indique de volumineux fauteuils où nous asseoir. La stature majestueuse de cet homme, sa haute taille, son port de tête altier, cette toque d'astrakan gris, ce cafetan vert magnifique posé sur ses épaules, m'impressionnent.

— Je suis heureux et honoré de vous accueillir. Que puis-je faire pour vous ?

Je suis surpris de l'entendre s'exprimer avec une maîtrise parfaite de la langue française, un élément qui m'avait échappé dans sa biographie : en 1985, alors que sa famille avait fui l'invasion soviétique, Hamid Karzai avait débarqué en France avec la « bande des dix », un groupe qui a étudié l'audiovisuel à l'École supérieure de journalisme de Lille.

Après quelques salutations rituelles, Nilab résume en dari pour lui et les trois personnes présentes, la raison de cette entrevue. Je fais ensuite, en anglais, une présentation succincte de notre projet d'hôpital en m'appuyant sur le dossier que j'ouvre sur la table basse devant le président. Il regarde avec attention l'esquisse architecturale, me pose plusieurs questions sur le projet médical. J'insiste sur les deux phases du projet, les enfants, puis les femmes, avec une maternité, une réanimation néonatale, un service gynécologique. Il semble très intéressé, et je sais que son épouse, Zeenat, gynécologue, a travaillé dans des hôpitaux traitant des réfugiés afghans au Pakistan avant d'épouser Hamid Karzai.

— C'est un très beau projet, docteur, mais comment allez-vous le financer ?

Bien sûr, j'attendais cette question et savais que ma réponse, en français pour être plus sûr de moi, constituerait ou non la clé de notre crédibilité.

— Monsieur le président, j'étais avec les moudjahidines dans les montagnes du côté de Zaboul dans les années 1980 pour soigner et opérer dans des conditions difficiles, et nous avons échoué à cette époque à construire un hôpital. Depuis, j'ai visité l'ensemble des hôpitaux de Kaboul, et le constat est catastrophique. Ce projet de construire un établissement neuf sera difficile, mais il est nécessaire et ambitieux car il permettra de rattraper le retard causé par les guerres successives. Surtout, monsieur le président, cet hôpital sera aux normes actuelles de modernité, d'asepsie, d'équipement. Compte tenu de sa proximité avec la faculté de médecine, il peut devenir, pour les futurs médecins et chirurgiens, un centre de formation. Celle-ci s'avère essentielle alors que seulement deux anesthésistes travaillent en Afghanistan. Ce projet tirera l'ensemble des médecins afghans vers le haut et leur redonnera la fierté de pouvoir combler le fossé qui sépare leur réalité quotidienne et la révolution médico-chirurgicale des dernières années, dont ils ont été exclus. Donc, monsieur le président, le financement s'établit à environ 8 500 000 euros et reposera sur une campagne de levées de fonds en France, sur la probable participation du gouvernement français, sur le mécénat et la recherche d'un partenaire international. Quant au futur statut juridique de cet établissement, il serait *private, public, and non profit*, à savoir capable de recouvrer les coûts auprès des patients pouvant payer, et d'assurer la gratuité pour les indigents, selon la célèbre méthode de Robin des bois qui prenait aux riches pour donner aux pauvres.

Il m'avait écouté avec attention.

— Vous savez, docteur, si tous les projets qui me sont présentés dans cette pièce étaient réalisés, l'Afghanistan ressemblerait bientôt à la Suisse. Cependant, le vôtre me semble à la fois intéressant et nécessaire. Qu'attendez-vous de moi ?

— Trois choses, monsieur le président. D'abord la confirmation de l'attribution du terrain derrière la faculté de médecine, puis l'exemption future des taxes et des droits de douane, enfin votre soutien à ce projet dans les démarches futures.

— Considérez que c'est acquis, docteur, mais je veux être tenu au courant de l'évolution de ce projet.

En sortant, je partage avec Nilab la joie du soutien présidentiel et de l'assurance que nous aurons ce terrain. Mais, bien sûr, j'éprouve aussi une certaine anxiété car cet échange avec Karzai nous oblige à conduire notre projet jusqu'à son terme. « Nous sommes dans la seringue. » Notre ligne de conduite suivra celle exposée à Hamid Karzai : faire une campagne de levée de fonds auprès du grand public en France, trouver des sponsors et des partenaires, français et internationaux, afin de rendre le projet pérenne.

39.

Kamila au téléphone

Najeeb frappe à la porte et entre dans mon bureau à Paris sans attendre de réponse. Nous sommes en novembre 2021, et la grisaille l'emporte finalement sur un pâle soleil d'hiver.

— Éric, Kamila a reçu le téléphone hier après-midi. J'en ai eu la confirmation par Mohamed Rahimi. Si ça ne te dérange pas, je l'appelle de ton bureau, on aura un haut-parleur.

Je le sens fébrile, lui toujours si calme. Il s'assoit, sort un papier de sa poche et compose un numéro afghan. La sonnerie retentit longuement avant qu'une voix masculine ne réponde en dari. L'échange se prolonge sans que j'en comprenne un mot, mais j'entends Najeeb monter le ton. Après quelques minutes, la conversation s'interrompt. Il se tourne vers moi et murmure : « Ce connard ne veux rien entendre. »

À voix basse, je réponds :

— Qui est-ce ?

— Son oncle. Il est parti chercher Kamila, il ne voulait pas le faire et je l'ai menacé d'en parler aux autorités. Du bluff, bien sûr. Mais ça l'a fait bouger.

Le silence s'installe, interminable, seulement troublé par le pianotement des doigts de Najeeb sur le bureau. J'ai l'impression que la communication est coupée, mais je ne dis rien de crainte de faire monter la tension. J'ai bien fait de me taire car des bruits confus nous parviennent enfin, sans doute des pas sur le gravier, une porte qui s'ouvre en grinçant, puis un chuchotement.

— *Bale, doctor Najeeb astom, joche-ao Kamila, mi fami ?*

Najeeb répète quatre ou cinq fois cette phrase en parlant de plus en plus fort. Il me la traduira plus tard : « C'est le docteur Najeeb, Kamila, m'entends-tu ? » Puis enfin, une voix, un souffle.

— *Mi astom Kamila, mi tafsum, mi tafsum, doctor!* (« C'est Kamila, j'ai peur, j'ai peur, docteur ! »)

S'ensuit un long monologue de Najeeb entrecoupé de quelques phrases de la jeune fille qui s'exprime d'une voix si faible qu'elle est presque inaudible alors que le haut-parleur est au maximum de son volume. Kamila marque des pauses dans ses phrases, elle manque de souffle. Lui ponctue son propos de mouvements des mains, comme pour rendre ses mots plus convaincants. Je suis tendu devant cette scène que je cherche à interpréter sans en avoir les clés. Le changement soudain de ton me fait penser que Najeeb s'adresse de nouveau à l'oncle. Bref, mais ferme, il raccroche et émet un long soupir, tel un sprinter venant de franchir la ligne d'arrivée.

Il se tourne vers moi, l'air inquiet.

— Elle est terrorisée, vit enfermée dans une pièce et ne sort jamais car elle a peur des taliban et ne peut pas respirer sous une burqa qui lui donne l'impression d'étouffer. Il y a quinze jours, un mollah lui a rendu visite, elle ne m'a pas dit pourquoi, mais cela m'inquiète. Il lui reste des médicaments pour environ trois semaines. J'ai annoncé à son oncle que nous allions venir la chercher pour l'hospitaliser. Elle semble avoir compris et accepté. Lui, c'est un homme obtus, mais je ne lui ai pas laissé le choix. Maintenant, il faut agir vite avant qu'il ne change d'avis.

— Tu as raison Najeeb, envoyons vite la voiture de la Maison des enfants avec Mohamed Rahimi pour la chercher, après nous verrons ce que l'on peut faire.

40.

La fin d'une époque heureuse

À Pontoise, dans le vestiaire du bloc opératoire, après une longue intervention, mon portable vibre. C'est une alerte média sur l'Afghanistan à laquelle je suis abonné. Je vois que le groupe État islamique revendique un attentat-suicide dans la mosquée chiite de Khan Aban Bandar, à Kunduz, à 300 kilomètres au nord-est de Kaboul. Nous sommes un vendredi, jour de prière, le 8 octobre 2021. L'attentat causé par un kamikaze a fait 55 morts et 140 blessés, un véritable massacre. Une photo jointe à ce message confirme ce carnage.

Je pense aussitôt à Kamila qui vit à Kunduz, et remonte vite dans mon bureau pour appeler Najeeb, mais à peine suis-je sorti de l'ascenseur qu'il me téléphone.

— Tu as vu ce qui s'est passé à Kunduz ? J'ai essayé de joindre Kamila mais il n'y a pas de réseau. Il doit être saturé avec cette catastrophe.

— Ne t'inquiète pas trop, elle nous a dit qu'elle restait chez elle, qu'elle avait peur de sortir. En plus, elle est très faible. C'est improbable qu'elle figure parmi les victimes.

— Oui, mais j'aimerais quand même lui parler.

— Bien sûr. Retrouvons-nous dans une heure à La Chaîne de l'Espoir.

Alors que je file vers Paris sur l'autoroute, je pense à la ville de Kunduz, déjà, pour moi, liée à un drame épouvantable. Le 3 octobre 2015, Aziz, le directeur de notre hôpital de Kaboul, m'annonçait l'impensable : le bombardement par l'aviation américaine de l'hôpital de Médecins Sans Frontières à Kunduz. Commencé à 2 h 10 du matin et d'une durée d'une demi-heure, ce bombardement a fait 19 morts – 12 employés de MSF et 7 patients –, 37 blessés et plusieurs disparus. Cette attaque s'est poursuivie alors que l'ONG avertissait les autorités afghanes et américaines. Les photos de ce drame ont montré l'hôpital en ruine, des patients et des médecins hébétés parmi les décombres. Après les excuses tardives de Barack Obama, une enquête a conclu qu'il s'agissait d'une « erreur humaine tragique ». L'établissement médical avait été confondu avec un autre bâtiment à quelques centaines de mètres, censé abriter des combattants taliban.

L'époque heureuse de la renaissance afghane n'aura duré que quatre années. Elle se clôt en ce mois d'octobre 2015.

41.

Un long tunnel

Un matin de novembre 2021, en arrivant à La Chaîne, je trouve Najeeb au téléphone avec Mohamed Rahimi. Il interrompt sa conversation pour me faire un résumé.

— Mohamed pense que Kamila a été épargnée par l'explosion car son oncle ne la laisse pas sortir et sa maison se situe à environ dix minutes à pied de la mosquée. Par contre, il pense qu'il sera difficile de l'évacuer après cet attentat revendiqué par Daech. Les taliban vont être sur les dents et multiplieront les postes de contrôle sur les routes. Il propose de surseoir à son évacuation et d'attendre un mois ou deux que la situation se calme. Autre problème, on ne peut pas trop compter sur son oncle, dès lors, nous n'avons pas de *mahram* pour accompagner Kamila.

— De *mahram* ?

— Le *mahram*, c'est le père, le mari, un frère ou un fils aîné qui accompagne la femme dans ses déplacements pour veiller sur sa vertu et l'honneur de la famille. Donc, il faut régler ce problème et Mohamed pense qu'on ne peut pas compter sur l'oncle de Kamila.

Je réfléchis un instant.

— Et dans une ambulance, on a besoin d'un *mahram* ?

Najeeb lève ses sourcils.

— Je ne sais pas. On peut peut-être plaider l'urgence.

— Et si on envoyait l'ambulance de l'hôpital ? On parle d'évacuation sanitaire, ce qui est crédible vu son état de santé.

Je m'aperçois alors que je prends fait et cause pour sauver cette jeune fille que je n'ai jamais vue. L'évacuer atténuerait ce sentiment d'impuissance qui est le nôtre depuis le 15 août, et permettrait de lutter contre les malheurs afghans qu'incarne Kamila.

Le poing sous le menton, Najeeb regarde le plafond, puis se tourne vers moi.

— Oui, c'est peut-être jouable. Laisse-moi en parler à Mohamed. De toute façon, on ne va pas attendre un mois ou deux, la neige va bientôt tomber.

Une bonne demi-heure plus tard, Najeeb raccroche :

— Mohamed Rahimi est d'accord avec ton idée, il sera dans l'ambulance. Originaire de Kunduz, il connaît bien la route. Sa famille pourra, avant de partir, lui donner des informations sur la situation. Il pense organiser le départ mardi prochain, dans quatre jours, donc, le temps d'envoyer son cousin chez l'oncle de Kamila pour le prévenir de notre arrivée.

— C'est un voyage de combien d'heures ?

— Va savoir, Éric. Il y a environ trois cents kilomètres à parcourir, un trajet qui demande normalement cinq heures, mais avec tous les check-points, il faudra peut-être compter huit heures, voire plus. Ils passeront par Tcharikar, une belle ville dont la population est en majorité tadjike, proche de la porte de la vallée du Panshir, sur les premiers contreforts de l'Hindou Kouch. Avant le retour des taliban, on y voyait de nombreux portraits du commandant Massoud, portraits qui ont disparu le 15 août 2021. Puis ils monteront à Pol-e Khumri, une ville industrielle dans une vallée bordée de majestueuses montagnes couleur de steppe, avant d'atteindre Kunduz, au nord.

Deux jours plus tard, je reçois un mail de Mohamed Rahimi, également adressé à Najeeb. Il nous confirme qu'il partira pour Kunduz à la fin de la semaine avec l'ambulance. Après lui avoir demandé s'il pense obtenir l'accord de l'oncle, il répond qu'avec un peu d'argent, il nous laissera peut-être partir avec sa nièce. « Dans ce cas, lui dis-je, n'oublie pas de prendre un obus d'oxygène dont Kamila pourrait avoir besoin, et surtout, tiens-nous au courant. »

Le samedi suivant, Najeeb m'appelle à 22 heures :

— Je viens d'avoir Mohamed au téléphone. Ils sont partis à 4 heures du matin de Kunduz. Et tu sais quoi ?

— Dis-moi.

— L'oncle est parti avec eux.

— Bon, voilà un problème réglé.

— Pas si sûr, Éric, ce type est déplaisant, il peut poser problème à tout instant. Mohamed m'a raconté que l'oncle, assis à côté du chauffeur de l'ambulance, avait fait des remarques désagréables sur sa conduite. En arrivant à Pol-i Khumri, un jeune taliban armé d'une mitraillette flambant neuve, sans doute récupérée des stocks américains, a bloqué la route. Ce type, m'a dit Mohamed, frimait avec ses lunettes de soleil, sa grande barbe et ses cheveux jusqu'aux épaules, le look du parfait taliban. Un analphabète, par-dessus le marché. Il a voulu faire du zèle et a bloqué des centaines de voitures et de camions, essayant de déchiffrer des papiers et des laissez-passer auxquels il ne comprenait rien. Au bout d'une heure, Mohamed, installé à l'arrière, sur un siège à côté du brancard de Kamila, a demandé au chauffeur de déclencher la sirène de l'ambulance, puis a placé le masque à oxygène sur le visage de la jeune fille pour impressionner le taliban. Lequel, après un coup d'œil à l'intérieur du véhicule, leur a ouvert la route. Ils ont pu entrer dans la ville et en sont ressortis par le sud, en direction de Tcharikar.

Peu de temps après, Mohamed et le chauffeur ont échangé des blagues sur l'élégance du dandy taliban, et l'oncle les a engueulés, disant qu'ils manquaient de respect envers des frères musulmans venus aider les Afghans à assurer leur sécurité et à les garder dans le droit chemin de l'islam. Le chauffeur a éclaté de rire, rendant l'oncle si furieux que Mohamed a eu du mal à le convaincre de rester dans l'ambulance avec Kamila. « Sinon, lui a-t-il dit, tu pourrais avoir la mort de ta nièce sur la conscience. »

Le lendemain, sans nouvelles de Mohamed, Najeeb et moi sommes très anxieux.

— Ils n'ont peut-être pas de réseau, peut-être sont-ils bloqués dans le tunnel de Salang.

L'après-midi, Najeeb entre dans mon bureau en montrant son portable du doigt.

— C'est eux. Ils sont bloqués avant l'entrée du tunnel de Salang. Kamila est très fatiguée.

Difficile d'en savoir plus car la conversation reprend en dari avec Mohamed. À travers quelques mots, les intonations et les réactions de Najeeb, je pense deviner néanmoins ce qui se passe. Mais que veut dire Mohamed quand il déclare Kamila fatiguée ? Que cache ce mot ? La lassitude du voyage, ou le début de l'agonie ? Pendant ce temps-là, Najeeb fait les cent pas dans le bureau, téléphone à l'oreille, son bras gauche en mouvement comme celui d'un avocat lors d'une plaidoirie. Mon impatience grandit.

Je connais ce tunnel de Salang pour y être entré quelques années plus tôt, à la même saison, et je me souviens de cette longue escalade sur une route en lacets à flanc de montagne avant d'atteindre ce tunnel à trois mille trois cents mètres d'altitude, sous le col du même nom haut de trois mille huit cents mètres. Il était difficile de rouler à plus de trente kilomètres à l'heure à cause de la file d'énormes camions bariolés et surchargés venant souvent du Pakistan. Le froid, l'humidité, les gigantesques pare-avalanches rendaient ce paysage fantasmatique et lugubre. Je me sentais écrasé par la puissance de cette montagne et me reprochais la vanité d'avoir voulu la traverser en pénétrant dans ce tunnel sinistre de 2,7 kilomètres, ce qui m'avait semblé interminable et angoissant. Son revêtement n'avait vraisemblablement jamais été restauré depuis la construction du tunnel, en 1946, et l'atmosphère, saturée d'une prégnante odeur de diesel, souffrait d'un système d'aération pour le moins déficient.

J'avais ressenti un grand soulagement en retrouvant la lumière du jour.

Enfin, Najeeb raccroche et s'asseoit lourdement face à moi en se massant les cervicales.

— Allez, raconte.

Il prend une grande inspiration.

— Ils sont partis ce matin avec l'oncle. Mohamed a trouvé Kamila très faible, pâle, amaigrie, et surtout essoufflée après quelques pas. Dans l'ambulance, elle est restée calme pendant les quatre premières heures du voyage et s'est même endormie, sans doute soulagée de se savoir en route pour Kaboul. Puis ils sont montés vers le village de Dosakh, en direction du tunnel de Salang. Elle s'est réveillée en toussant et s'est sentie de plus en plus essoufflée à cause de l'altitude. Mohamed lui a mis son masque et envoyé de l'oxygène à petit débit, mais la route a été longue et l'ambulance est restée coincée dans une file de voitures et de camions d'un kilomètre. Au total, il lui avait déjà donné trois litres d'oxygène, ce qui est énorme, et il ne savait pas ce qui restait dans l'obus. C'est alors que l'oncle lui a reproché de ne pas donner assez d'oxygène à sa nièce, d'être inutile et incompétent. Mohamed a eu la sagesse de ne pas répondre. Ils sont maintenant à l'arrêt devant l'entrée du tunnel.

Najeeb reste un instant silencieux.

— Je leur ai dit de refaire le coup de la sirène et de doubler tout le monde, ils ne doivent pas perdre de temps.

— Tu as raison. Envoie-leur un texto pour qu'ils continuent à nous tenir au courant, sinon, on risque un ulcère à l'estomac.

Najeeb sourit, tape son message, puis regarde sa montre.

— Il est 14 heures en Afghanistan. Avec le tunnel, on ne saura rien avant 15 heures, j'imagine, c'est-à-dire midi à Paris.

À 16 h 30, heure de Paris, Najeeb reçoit enfin un message en dari qu'il me traduit : « Avons passé le tunnel, et sommes en route pour Tcharikar. Kamila moins gênée depuis la descente de Salang. Espérons être à Kaboul à 19 heures. »

Nous saurons plus tard qu'ils sont arrivés à la tombée de la nuit et ont tous dormi à la Maison des enfants.

42.

Kamila à la fenêtre

Kamila reste faible, mais calme et patiente. Elle se sait maintenant bien surveillée et, si Dieu le veut, le bon docteur Bina l'opérera bientôt.

Elle a tiré une chaise près de la fenêtre du premier étage où se trouve sa chambre à la Maison des enfants, une bâtisse agrémentée d'un jardin avec toboggans, balançoires et tourniquets. Elle abrite des jeunes comme elle, en attente de soins, d'autres en convalescence.

Kamila aime regarder la rue, les hommes qui marchent sur le trottoir et se tournent vers le jardin en entendant les rires des enfants qui y jouent, de temps en temps une femme voilée tenant un petit garçon par la main, quelques voitures, les cyclistes qui pédalent lentement sur de vieux vélos grinçants, parfois un pick-up qui roule vite, emportant, assis et secoués dans la benne, quatre ou cinq taliban armés. Malgré l'étroit paysage que lui offre sa fenêtre, elle juge Kaboul bien plus animé que

Kunduz. Elle sait aussi qu'ici l'attend l'université de médecine puisqu'elle en a passé brillamment l'examen d'entrée au printemps 2021. Encore une fois, si Dieu le veut, elle y retournera pour devenir médecin.

43.

Petits miracles

Le 27 mai 2003, je suis dans l'avion présidentiel, en face de Bernadette Chirac, direction Douchanbé, capitale du Tadjikistan, pays limitrophe au nord de l'Afghanistan où un Transall nous attend pour nous emmener à Kaboul. Mme Chirac y posera la première pierre de notre hôpital, et je lui en suis infiniment reconnaissant.

Ce voyage est la conjonction d'un enchaînement de petits miracles qui ont rendu l'inimaginable possible. D'abord, la mobilisation de l'opinion publique pour ce projet d'un établissement dédié aux enfants afghans à travers les médias, au premier rang desquels TF1, tous portés par l'enthousiasme et l'énergie de Claire Chazal, Muriel Robin et Marine Jacquemin. Une campagne média intensive, avec des émissions de radio et de télévision, a permis de recueillir des sommes importantes, mais encore insuffisantes, hélas, pour boucler le budget.

Marine Jacquemin avait contacté Bernadette Chirac, l'épouse du président de la République de l'époque, pour lui présenter notre projet et l'inviter à poser la première pierre de notre hôpital, ce qu'elle a accepté, à notre grande joie. Cette implication de la « première dame » élargit de façon notable la mobilisation de nos grands partenaires, puis facilite notre rencontre avec Martin Bouygues, qui accepte de nous aider et de prendre en charge une partie de la construction.

À partir de là, tout démarre vite. Nous sommes au printemps 2003 et l'entreprise Bouygues travaille sur de gros chantiers à Achgabat, capitale du Turkménistan, au nord de l'Afghanistan. C'est de cette base arrière que va partir presque chaque jour une file de camions chargés des matériaux nécessaires à la construction de l'hôpital. Il s'agit d'un voyage d'une semaine, long de près de mille huit cents kilomètres, passant par Hérat et Kandahar. Le patron de cette noria, Jacques Marcandella, un homme remarquable, devient le chef d'orchestre de ce chantier très difficile puisqu'il s'agit de la construction d'un bâtiment que j'espère emblématique du renouveau du pays libéré des taliban. Marcandella forme environ cent cinquante ouvriers afghans. Il leur apprend tout ce qu'il faut savoir pour édifier, avec constance et régularité, un hôpital que nous voulons aux normes internationales les plus exigeantes.

***

Malgré le temps passé, je garde, encore aujourd'hui, une pointe d'agacement en pensant aux polémiques déclenchées par ce projet que certains jugeaient « titanesque » ou, pis encore, « trop beau et dispendieux pour l'Afghanistan ». Comment oser dire que ce qui est nécessaire pour opérer un enfant de Paris serait trop cher pour un enfant de Kaboul ? Les règles d'asepsie n'ont pas de frontières. D'ailleurs, j'ai toujours considéré comme pléonasme le terme « médecine humanitaire ». La médecine se passe d'adjectif et ne traite que de l'humain.

Mais je reconnais que ceux qui nous jugeaient déraisonnables n'avaient pas tout à fait tort. Ce projet porte depuis ses origines un petit grain de folie qui nous dépasse, mais que j'assume, car il a l'ambition de soigner des enfants et de former nos collègues afghans aux dernières technologies, aux avancées thérapeutiques les plus sophistiquées, afin de vite combler le retard abyssal accumulé durant ces trente dernières années.

44.

Pavot

Au début de cette époque post-taliban, l'optimisme prévalait, tout semblait possible. La présidence d'Hamid Karzai avait été validée par la *Loya Jirga* de 2002 et il fut élu en octobre 2004 sous un régime lui conférant de nombreux pouvoirs. Mais son cabinet devint vite le théâtre de rivalités entre les différentes factions politiques. Et la corruption régna. Elle demeure d'ailleurs le problème majeur de l'Afghanistan et apparaît au grand jour quand Jean Mazurelle, alors directeur de la Banque mondiale à Kaboul, la dénonce publiquement. « En trente ans de carrière, je n'ai jamais rien vu de pareil, déclare-t-il. C'est un véritable pillage… 35 à 40 % de l'aide sont mal dépensés[1]. »

***

1. « "Il y a eu la sidération"... Ex-directeur de la Banque mondiale en Afghanistan, il se confie », propos recueillis par Faustine Luneau, *Ouest-France*, 23 août 2021.

Le narcotrafic alimente la corruption et se révèle aussi un frein considérable au développement. Le pavot, qui permet de fabriquer de l'opium, a été cultivé et consommé en Afghanistan de façon traditionnelle tout au long du XVIIIe siècle. En 1932, première année où l'on dispose d'une évaluation de la production, le pays avait produit 75 tonnes d'opium sur une surface cultivée de moins de 4 000 hectares. Aujourd'hui comme hier, l'absence de contrôle des autorités, les faibles revenus de l'agriculture et l'acceptation sociale du pavot, qui offre aux paysans les plus pauvres un moyen de subsistance, expliquent cette montée en puissance du narcotrafic afghan.

En 2020, selon un document de l'Office des Nations unies contre la drogue et le crime (ONUDC), l'Afghanistan représentait 85 % de la production mondiale d'opium. Cette même année, la récolte atteint 6 800 tonnes sur une surface cultivée de 117 000 hectares. Les revenus des opiacés afghans sont estimés entre 1,8 et 2,7 milliards de dollars en 2021, soit environ 10 % du PIB national. Depuis les quarante dernières années, ces sommes considérables ont alimenté tous les circuits de la corruption et du trafic d'armes, les rivalités des clans pour le contrôle des flux de l'opium.

Le pavot s'est développé pour différentes raisons : le climat favorable, cette plante s'adaptant aux sols arides des vallées afghanes ; des lois peu contraignantes vis-à-vis des narcotiques ; une instabilité politique liée aux multiples conflits. Tous ces éléments assurent un revenu stable aux paysans et une impunité totale aux trafiquants.

L'explosion de la culture du pavot commence au début des années 1980. Les nombreux groupes armés dans les zones productrices prélèvent leur dîme, assurant ainsi leur survie. En 1996, les taliban arrivent au pouvoir et promettent de lutter contre le trafic de drogue, mais aucune mesure n'est prise, le commerce de l'opium continue de plus belle et finit par prendre une dimension nouvelle. Selon le Bureau international des narcotiques, les trafiquants afghans ne se contentent plus de récolter l'opium, ils le transforment, une fois séché, en morphine puis en héroïne avant de le vendre ou de l'exporter, un processus particulièrement lucratif puisque le prix d'un kilo d'héroïne à la frontière est plus de mille fois supérieur à celui de l'opium à peine récolté.

En octobre 1999, le Conseil de sécurité de l'ONU impose des sanctions au régime taliban, en raison de ses violations des droits de l'homme, de son appui au terrorisme, mais aussi de l'augmentation de sa production d'opium.

Le 27 juillet 2000, le dirigeant suprême des taliban édicte un décret interdisant la culture du pavot dans le pays. Cette interdiction est appliquée avec soin, ce qui entraîne un coup d'arrêt de la production et une réduction considérable des surfaces cultivées dans les provinces de Helmand et de Nangarhar. On ignore si cette décision était liée aux sanctions, ou si les taliban s'inquiétaient d'une augmentation rapide de la consommation de drogue parmi les jeunes Afghans depuis la multiplication des laboratoires fabriquant de l'héroïne.

***

La chute du régime taliban, fin 2001, et l'arrivée de la coalition internationale, relancent le trafic de l'opium. Les bombardements américains et la pénurie liée au bannissement proclamé en 2000 font flamber les prix. Le kilo passe de trente-cinq dollars en janvier 2000 à sept cents dollars en septembre 2001. Les paysans appauvris par la guerre se tournent à nouveau vers la culture du pavot. Des systèmes sophistiqués d'irrigation sont mis en place afin d'accroître la surface des zones cultivées, entraînant un doublement de la production entre 2002 et 2007. Dans l'est du pays, ce commerce explose, mais les États-Unis et les autorités en place ferment les yeux. Dans les vallées, notamment le Helmand, des conflits éclatent pour le contrôle des zones de culture. Elles deviennent un enjeu économique majeur aussi bien pour les groupes armés que pour le gouvernement en place.

Face au défi de la terrible sécheresse de ces dernières années, les producteurs de pavot ont installé des systèmes d'irrigation utilisant l'énergie de panneaux solaires. Ainsi, la production est repartie à la hausse pour atteindre le chiffre record de 9000 tonnes en 2017. Alors que les conflits s'intensifient à la fin de cette même année, les zones de culture passent sous le contrôle des taliban qui enregistrent de 2018 à 2021 des revenus annuels de 400 millions de dollars, des sommes qui servent au recrutement et à l'armement des nouveaux soldats.

Le 3 avril 2022, l'histoire se répète. Le chef des taliban, Haibatullah Akhundzada, ordonne, lui aussi, l'interdiction de la culture du pavot en Afghanistan. « Tous les Afghans sont informés que désormais la culture du pavot est strictement interdite dans le pays. En cas de violation du décret, la culture sera immédiatement détruite et le coupable traité selon la charia. » Mais ce décret arrive – comme par hasard – trop tard, car la récolte avait commencé en mars.

Cette interdiction – sans doute un signal de bonne volonté adressé à la communauté internationale – a pour principal effet de faire monter encore les prix. De façon hypocrite, les taliban utilisent le pavot comme source de revenus dans les régions sous leur contrôle. Selon l'ONU, l'Afghanistan a produit 6800 tonnes d'opium pendant la saison 2021, ce qui permet de fabriquer 320 tonnes d'héroïne pure.

***

La consommation de drogues est devenue un enjeu majeur en Afghanistan. Selon l'ONU, les problèmes de toxicomanie toucheraient 10 % de la population, soit près de quatre millions de personnes, un record mondial.

Avec un collègue afghan, il y a quelques années, j'ai visité le quartier de Dasht-e-Barchi, à l'ouest de Kaboul, un endroit d'apocalypse où se regroupent les toxicomanes de la ville. Ce fut un voyage dans l'immonde, la détresse et la misère, sous le pont Pul-e-Sokhta où circule un filet d'eau fétide de la rivière Paghman. Des centaines d'Afghans se retrouvent là pour prendre leur dose d'opium, de crack ou d'héroïne. Ils s'agglutinent au milieu d'un amoncellement sordide de cartons, de coussins, de couvertures, de seringues, de pipes à crack, avec parfois, parmi eux, des cadavres gisant là depuis plusieurs jours. L'insalubrité atteint des sommets. Les consommateurs d'héroïne s'échangent les seringues, rendant les transmissions bactériennes et virales comme le VIH et l'hépatite C très fréquentes. L'ONG Médecins du monde y était présente, en 2012, dans le cadre d'un programme d'accompagnement des toxicomanes, distribuant des seringues et offrant un traitement de substitution à l'héroïne par la méthadone. L'année suivante, elle a quitté le quartier mais essaie de nouveau aujourd'hui, avec de grandes difficultés, d'appliquer ce même programme.

La police talibane semble avoir déclaré la guerre aux toxicomanes. La méthode est énergique et sans fioriture : elle relève de la rafle plus que de la prise en charge. Pour enrayer les addictions, le pays a toujours privilégié la répression plutôt que la prévention, et la manière forte prédomine avec le nouveau régime.

Les toxicomanes de Pul-e-Sokhta arrêtés par la police sont regroupés à l'hôpital Ibn Sina, en périphérie de Kaboul. Cet établissement offre une capacité de mille lits, mais le nombre d'arrestations atteint désormais plus de trois mille personnes. Les prisonniers sont rasés, habillés d'un uniforme rayé bleu et blanc, et soumis à une cure de désintoxication de quarante-cinq jours. D'une hygiène déplorable, ce centre est frappé de plein fouet par les carences en médicaments, notamment la méthadone, et la raréfaction du personnel, dont déjà un tiers a fui à l'étranger.

Faute de vrai suivi médical, les mêmes patients reviennent sans cesse. Aucune réelle démarche thérapeutique n'est entreprise, sinon la contrainte

– qui n'a jamais fait la preuve de son efficacité. Les autres villes connaissent un schéma identique.

La situation socio-économique désastreuse du pays, les traumatismes successifs de la guerre, la désespérance ambiante et le sentiment que la drogue offre la seule évasion possible expliquent l'addiction de nombreux jeunes Afghans.

45.

L'exil

À l'ouest de l'Afghanistan, Hérat, la troisième plus grande ville du pays après Kaboul et Kandahar, accueille chaque jour, en décembre 2021, des centaines de jeunes hommes qui se rassemblent la nuit à la gare routière d'où des bus les conduisent vers la frontière iranienne, un voyage d'un peu plus de deux heures.

Quatre mois après le retour des taliban, deux reporters de l'agence américaine Associated Press[1] (AP), Lee Keath et Mstyslav Chernov, ont suivi de jeunes migrants afghans allant jusqu'au poste iranien. « Aucun n'a de bagage, écrivent-ils. Leurs seuls vêtements sont ceux qu'ils portent. Certains ont un petit sac avec du pain et de l'eau. » Une fois arrivés à la frontière, ils prennent contact avec des passeurs. Commencent alors pour eux de longues

1. Lee Keath, Mstyslav Chernov, « Desesperation drives thousand of Afghans a day across borders », AP, 21 décembre 2021.

et périlleuses marches nocturnes dans les montagnes où ils cherchent à éviter douaniers ou voleurs. D'autres s'entassent dans les bennes de pick-ups qui roulent dans le désert.

La plupart de ceux qui arrivent en Iran y restent et cherchent du travail, le plus souvent dans la construction, écrivent les deux journalistes, mais d'autres rêvent d'aller plus loin, vers l'Europe. Quand ils interrogent ces jeunes gens, tous leur racontent plus ou moins la même histoire : depuis l'arrivée des taliban, l'économie s'est effondrée, ils n'ont plus de travail et ne peuvent plus nourrir leur famille. « Nous n'avons pas le choix, dit l'un des jeunes migrants, l'économie est en ruine. Même si nous devons mourir sur le chemin, nous l'acceptons. »

Selon le Conseil norvégien pour les réfugiés – une ONG spécialisée dans les migrations et citée dans le reportage d'AP –, au cours des trois mois qui ont suivi le 15 août 2021, « environ trois cent mille jeunes hommes afghans sont entrés illégalement en Iran, et d'autres les rejoignent au rythme de quatre à cinq mille par jour ». L'Iran compte déjà trois millions d'Afghans sur son sol.

Dans la force de l'âge, ces jeunes hommes constituent une perte irréparable pour l'avenir de l'Afghanistan.

46.

Assassinats et bavures

Dès la fin de 2002, les États-Unis ont déplacé leur centre d'attention sur l'Irak et délaissé l'Afghanistan, comme si tous les problèmes de ce pays avaient été réglés, que la guerre contre le terrorisme était gagnée et la démocratie en bonne voie. Erreur fatale. Les États-Unis ont agi sans considération des enjeux afghans, sans doute jugés par eux secondaires. Ils ont ainsi permis au mouvement taliban de renaître de ses cendres avec le soutien actif du Pakistan. La conjonction de dirigeants politiques afghans faibles et corrompus et de politiciens américains ignorants des conséquences de leurs erreurs stratégiques forme un cocktail géopolitique explosif. Il éclate d'ailleurs très vite, comme nous allons le voir.

***

Le 2 juin 2004, dans la vallée de Qadis, à quelque cinq cents kilomètres au nord-ouest de Kaboul, deux tueurs à moto tirent sur une voiture de Médecins Sans Frontières (MSF), abattant ses cinq occupants : une jeune Belge, Hélène de Beir, âgée de vingt-neuf ans et coordinatrice du programme de MSF dans la région, Fasil Ahmad, traducteur afghan, le chauffeur afghan Besmilah, Egil Tynaes, un médecin néerlandais, et un logisticien, Willem Kwint, néerlandais lui aussi. Tous travaillaient pour la branche hollandaise de MSF dans cette région rurale où ils appliquaient un programme de lutte contre la tuberculose. Ils ont été tués froidement, victimes d'une attaque ciblée et préparée. Leur meurtre a été revendiqué à deux reprises par un porte-parole des taliban, le mollah Abdul Hakim Latifi.

Dans sa deuxième revendication, il fait volontairement l'amalgame entre soldats américains et volontaires de MSF, et lance un véritable appel au meurtre : « D'autres organisations comme Médecins Sans Frontières travaillent également dans l'intérêt des Américains, elles sont des cibles pour nous. »

Après vingt-quatre années de présence continue en Afghanistan, MSF déclare regretter d'avoir à quitter ce pays. « Le contexte d'aujourd'hui rend impossible l'aide humanitaire indépendante à la population afghane. »

Le 1er mai 2003, Donald Rumsfeld, secrétaire américain à la Défense, tient une conférence de presse à Kaboul pour affirmer que le président Bush, le général Tommy Franks et le président Hamid Karzai en étaient arrivés à la même conclusion : « Nous sommes passés d'une période marquée par de lourds combats à une autre, celle de la stabilité et de la reconstruction. » Si ce n'était pas aussi dramatique, on pourrait en rire tant ce diagnostic est erroné. Il démontre une méconnaissance totale de la réalité afghane.

Ce que l'on qualifie de « bavure » de l'armée américaine devient un phénomène de plus en plus fréquent et n'épargne personne. Comme le précise Jean-Pierre Perrin, grand reporter spécialiste de l'Afghanistan : « Les fêtes de mariage sont confondues avec des regroupements de taliban, les cliniques et les écoles avec des QG d'insurgés, les paysans sur le chemin des champs avec des combattants, la bêche qu'ils portent à l'épaule avec un lance-roquettes, et les soldats américains, quand ils pénètrent dans les fermes et les villages, ne respectent rien, ravagent les maisons, entrent dans le quartier des femmes, comme s'ils voulaient à tout prix pousser les populations dans les bras de leur ennemi[1]. »

1. Jean-Pierre Perrin, *Kaboul, l'humiliante défaite*, Paris, Les Équateurs, 2021.

Certaines de ces « bavures » ont des effets catastrophiques sur la conduite de la guerre.

Après la défaite des taliban, durant l'hiver 2001, le nouveau président, Hamid Karzai, essaie de récupérer les « bons taliban », ceux qui n'ont pas de sang sur les mains. L'un d'eux, Djalâlouddine Haqqani, membre du fameux clan Haqqani, est un ancien commandant de la résistance à l'armée soviétique. Dans *Ghost Wars*, une incroyable enquête sur l'action de la CIA en Afghanistan, le journaliste Steve Coll[1] raconte que Haqqani accepte d'aller discuter avec ses anciens amis de la Centrale américaine à Islamabad. En janvier 2002, un convoi militaire d'une soixantaine de véhicules roule à vive allure vers Kaboul. À bord, une centaine de chefs de tribus, de clans, de notables de l'est de l'Afghanistan. C'est Djalâlouddine Haqqani qui les a convaincus d'entreprendre ce voyage. Tous se rendent dans la capitale pour négocier une éventuelle allégeance à Hamid Karzai qui vient de leur proposer son pardon. Le convoi est bombardé : une cinquantaine de Pachtounes sont tués. Erreur de la CIA ou coup fourré ?

Les exemples de ce type sont nombreux et la population afghane paie l'addition au prix fort. Quant aux Américains, ils passent vite du statut de libérateurs à celui d'occupants.

---

1. Steve Coll, *Ghost Wars*, Penguin Press, 2004.

Ce drame chez MSF et la dégradation du contexte politico-sécuritaire provoquent une vive émotion à La Chaîne de l'Espoir. L'inquiétude règne chez Bouygues et dans nos équipes médicales. Pour la première fois depuis le début de notre présence à Kaboul, en décembre 2001, nous avons de longues discussions à La Chaîne sur la gestion du risque, de la peur, de notre responsabilité.

Cette époque correspond à la fin de l'insouciance. Je me souviens avoir emmené à Kaboul mes enfants, Marie et Hugo, les premières années. Je me revois à cheval galopant avec Hugo dans la plaine de Shamali ou me promenant dans Chicken Street avec Marie pour lui acheter un bijou local. À cette époque, Kaboul vibrait d'une intense vie nocturne, mêlant Afghans et expatriés, employés d'ONG, diplomates, journalistes, qui dansaient le jeudi soir dans un bunker de la Croix-Rouge transformé en discothèque. Je n'oublie pas non plus les longues soirées arrosées au restaurant L'Atmosphère, dans le quartier de Qala-e-Fatullah, dont l'entrée, bien gardée derrière des sacs de sable et deux vigiles armés, s'ouvrait sur une jolie maquette en bois de la tour Eiffel. Très prisé par les expatriés français, ce restaurant était célèbre pour sa piscine et ses excellents vins. Ce côté « bobo de Kaboul » a inspiré les auteurs de la série française *Kaboul Kitchen* qui connut un grand succès.

Au fil des mois, l'accès à ces endroits festifs est contrarié par des procédures d'approche plus difficiles et moins spontanées en raison des blocs de béton entassés devant les entrées, des fouilles des clients, des détecteurs de métaux, des murs rehaussés de barbelés, mesures d'une liberté de plus en plus précaire et de l'inquiétude d'être, un verre à la main en écoutant du jazz, soudain foudroyé par un attentat. La fin de ces lieux bien-aimés à Kaboul fut scellée par l'attaque meurtrière du restaurant La Taverne du Liban, le 17 janvier 2014, envahi par un commando taliban qui tua vingt et une personnes.

47.

Un futur proche

Lentement, mais sûrement, grâce à la main de fer de Jacques Marcandella, notre chantier évolue, une véritable ruche qui s'active chaque jour. Après les fondations apparaissent l'ébauche des murs, puis le deuxième étage, et je commence à envisager de façon concrète notre futur hôpital dont j'ai tant rêvé. La rampe d'accès au bloc opératoire, les salles de consultation se matérialisent et j'entrevois l'afflux des patients dans un futur proche.

Construire un tel établissement suppose des milliers d'actions concomitantes et indispensables. D'abord, la recherche d'un partenaire, essentiel pour la viabilité du projet : cela nous demandera des efforts infructueux jusqu'à la découverte du Réseau Aga Khan pour le développement (AKDN), fondation active et professionnelle. Présente dans trente pays, l'AKDN emploie plus de quatre-vingt-seize mille personnes et consacre un milliard de dollars annuel à ses projets de développement (éducation, culture, santé, agriculture). Mes différentes entrevues avec le prince, que ce soit à Paris, à Chantilly ou à Kaboul, ont toujours été un honneur et un plaisir. D'une très grande courtoisie, il m'a impressionné par son intelligence et sa vision géostratégique. Celle-ci concerne notre futur hôpital et cette notion de «hub régional», complétant les deux autres structures de santé que gérait déjà l'AKDN à Bâmiyân, ville du centre de l'Afghanistan, et à Fayzabad, au nord du pays. Il travaillait aussi alors sur un projet de développement de la télémédecine, sujet révolutionnaire à cette époque et dans ce contexte afghan. La rencontre du prince et de sa fondation sera un élément déterminant du succès futur de notre projet commun et de son rayonnement.

Le recrutement d'un directeur médical constitue une autre étape déterminante pour l'ouverture de l'hôpital. Véronique, mon épouse, chef de service de la pédiatrie générale à Necker, était en contact avec Alexander Leis, pédiatre allemand de trente-cinq ans, ancien interne et chef de clinique dans ce même établissement parisien. Il est resté huit ans à Kaboul et a accompli un travail incroyable avec une patience, un dévouement et un professionnalisme hors du commun.

Dans le même temps, le visage de Kaboul change de jour en jour, le moindre terrain fait l'objet d'une construction, et le kitsch s'affiche partout, avec parfois d'énormes maisons de plusieurs étages montrant marbre, dorures et couleurs clinquantes. Kaboul devient un gigantesque chantier et certains quartiers, notamment celui des ambassades, commencent à se bunkériser avec blocs de béton, barbelés et guérites abritant des gardes armés. Des habitations précaires escaladent les contreforts des montagnes, occupées par les plus pauvres qui trouvent là une façon de se faire une place dans cette ville dont la population explose, passant de 500 000 habitants en 2001 à 4,6 millions en 2021.

De plus en plus dense, le trafic routier se transforme souvent en embouteillages dantesques dans lesquels on côtoie ces taxis jaunes où s'entassent jusqu'à huit ou dix personnes. Ils tentent de passer en force ou à contresens, créant des blocages inextricables. La seule solution : rester zen et attendre, en regardant cette ville où cohabitent chaos, opulence, misère et dignité.

48.

2006, une année charnière

L'année 2006 s'avère être une année charnière. On peut alors penser que le pays est en convalescence et connaîtra des temps meilleurs. La modernisation se développe à Kaboul dans une complète anarchie architecturale, sans style identifiable ni plan directeur. Les grandes salles de mariage foisonnent dans une surenchère de décorations kitsch et de lumières au néon. Un axe rapide à quatre voies relie la ville à l'aéroport qui accueille désormais de nombreuses compagnies d'aviation desservant Kaboul à partir de Dubaï ou d'Istanbul. On découvre aussi des pompes à essence et quelques supermarchés. Mais ce triomphalisme de façade ne peut cacher la réalité. Le ver est dans le fruit. L'ambiance, cette année-là, n'est pas aux festivités franco-afghanes. Les manifestations anti-occidentales dominent après la publication en Europe de caricatures du prophète Mahomet, jugées offensantes pour l'islam. Les taliban, par ailleurs, appellent à l'insurrection générale. La corruption galope allègrement pour prendre sa part de l'aide internationale. Cerise sur le gâteau : le cortège des bavures américaines exacerbe le mécontentement et la lassitude de la population.

C'est dans cette ambiance maussade et porteuse de dangers que, le 8 avril de cette année 2006, a lieu l'inauguration officielle de l'hôpital pédiatrique français de Kaboul.

Cette inauguration se fait en présence de Mme Chirac, du président Hamid Karzai, de Son Altesse l'Aga Kahn et de Philippe Douste-Blazy, alors ministre français des Affaires étrangères. Elle suscite une course contre la montre des équipes de Bouygues, des missions médicales de La Chaîne et de nos donateurs, des plus grands aux plus modestes, pour transformer avant cette cérémonie un gigantesque chantier en un hôpital prêt à recevoir des patients.

Cette échéance se double d'un autre défi dont dépend la vie d'une petite fille de quatre ans, atteinte d'une malformation cardiaque. Cette enfant, Elaha, aurait été opérée dans les premières semaines de sa vie si elle avait vécu en France. Quand elle vient nous voir, elle a du mal à respirer. L'échographie cardiaque révèle entre les deux ventricules un trou de la taille d'une pièce de dix centimes qui perturbe le flux normal du sang.

Il suffit de boucher ce trou pour la guérir et lui épargner une agonie atroce à court terme. Pour cela, il faut ouvrir le thorax, arrêter le cœur, mettre en route une circulation sanguine et une respiration extracorporelles grâce à un appareil appelé CEC – circulation extracorporelle – bien sûr inconnu en Afghanistan. Ensuite, fermer le trou et faire repartir le cœur. C'est pour ce type d'opération que nous nous battions depuis plus de cinq ans. Je voulais que notre hôpital soit aux normes occidentales afin de réaliser des chirurgies complexes, sur des pathologies cardiaques et neurochirurgicales, mais aussi des malformations congénitales digestives ou orthopédiques. C'était faire de cet hôpital tout neuf un lieu d'espoir pour les enfants malades et leurs familles, un cadre de formation des jeunes médecins, un établissement redonnant au corps médical afghan foi et fierté en son système de santé et en son pays.

49.

Une arme de paix

J'ai toujours cru en l'importance fondamentale de l'action sociale à travers l'éducation et la santé, et pensé qu'être estampillé « humanitaire » permettait aux gouvernements et aux médias de nous enfermer dans notre pré carré, nous excluant du débat et de l'action politique dans ce qu'elle a de plus noble. L'accès à l'éducation et à la santé pour tous constitue une arme de paix sous-estimée par les gouvernants de toute obédience. Il est plus puissant que les armements sophistiqués des champs de bataille. C'est pourquoi on doit s'interroger sur les échecs, ces dernières années, de l'intervention américaine, basée sur la force, sans être associée à un volet social. Le N du sigle ONG (organisation non gouvernementale) ne doit pas justifier le silence face à des exactions. Ne pas prendre position au nom de je ne sais quelle neutralité relève de l'hypocrisie ou de la crainte de représailles financières. N'oublions pas que les budgets de la plupart de ces ONG sont à 90 % des subventions gouvernementales.

Pendant la cérémonie de l'inauguration de l'hôpital français, alors que se succèdent les discours des officiels, se déroule en salle n° 2 du bloc opératoire la première opération à cœur ouvert de l'histoire de l'Afghanistan, sous la responsabilité de l'équipe du docteur Daniel Roux du CHU de Toulouse. Il s'agit de sauver la petite Elaha.

Cette première opération dans notre hôpital de Kaboul est un succès. Elle dépasse l'acte chirurgical, même s'il est extraordinaire ; elle dépasse aussi son enjeu, la survie de la petite Elaha. Elle constitue le phare de l'espérance en un avenir meilleur.

Comme un cheval que l'on monte pour la première fois, l'éveil d'un hôpital est un moment magique, mais on peut vite être désarçonné. Tout peut arriver et avoir des conséquences terribles. Cet éveil repose sur des éléments qui semblent faciles à réunir et à coordonner, mais nous sommes en Afghanistan où l'aléatoire est toujours probable. La puissance électrique doit être constante, et permettre le déclenchement des générateurs dans les dix secondes suivant une coupure du courant. L'eau doit être stérilisée pour le lavage des mains de l'équipe chirurgicale. Le laboratoire doit se tenir prêt à analyser les gaz du sang dans la minute.

La circulation extracorporelle doit pouvoir prendre immédiatement le relais dès l'arrêt du cœur. Tout le matériel chirurgical, stérilisé et rangé en bon ordre, doit répondre aux besoins immédiats du chirurgien : un clamp vasculaire, un porte-aiguille spécifique, des fils de suture de toutes tailles et des aiguilles de différentes courbures, le sternotome, scie qui permet d'ouvrir le thorax, la glace pilée stérile pour refroidir le cœur afin de l'arrêter, les scopes pour surveiller les constantes, tension et électrocardiogramme ; enfin, la climatisation de la salle opératoire en surpression pour repousser la poussière omniprésente à Kaboul. En réalité, ces mille petits détails forment un tout cohérent. Si l'un manque ou dysfonctionne, c'est la catastrophe dont la victime sera le patient. Pendant l'opération de la petite Elaha, chacun de nous écoute les vibrations de notre nouvel hôpital, attentif à la moindre réaction de ce mastodonte que nous avons créé ensemble au fil des ans, après notre réunion à La Chaîne de l'Espoir, en novembre 2001.

Depuis ce jour, l'hôpital est ouvert, efficient, adapté aux multiples exigences de soins de qualité, répondant aux dernières normes de tout hôpital occidental. Rien n'a été oublié, ni le scanner Siemens, ni les échographies, ni le service de réanimation – le premier et le seul en Afghanistan – qui occupe une magnifique salle de douze lits.

Une équipe de médecins de La Chaîne, sous la tutelle d'Alexander, assure l'encadrement et la formation de nos collègues afghans avec une succession de courtes missions spécialisées dans différents domaines pour renforcer le fonctionnement de cet établissement.

50.

La dégradation de la sécurité

Deux événements survenus en août 2008 et en décembre 2009 nous affectent indirectement et illustrent la dégradation de la sécurité en Afghanistan qui va se poursuivre de façon croissante.

Le premier a lieu le le 18 août 2008. Dix soldats français sont tués et vingt et un blessés dans une embuscade des taliban dans la vallée d'Uzbin, à soixante kilomètres de Kaboul. Il s'agit de la plus importante perte infligée aux forces françaises en sept ans de présence en Afghanistan. Ce piège dans lequel tombe un convoi d'une centaine de militaires français, afghans et américains se trouvait à deux mille mètres d'altitude, sur une piste rocailleuse et en lacets, dans une atmosphère étouffante. Vingt soldats à l'avant du convoi sont pris sous un déluge de feu par une centaine de taliban bien armés et organisés. Quelque temps plus tard, un reportage de *Paris Match* montrera des photographies des membres du commando taliban, joyeux et bardés de l'équipement de leurs victimes. Une scène abominable, comme toutes les scènes de guerre. Elle éclaire soudain l'opinion française sur la brutalité de ce conflit lointain qui, jusqu'alors, n'occupait pas vraiment ses pensées.

Entre 2001 et 2012, plus de 70 000 soldats français ont été envoyés en Afghanistan, 89 d'entre eux y ont laissé leur vie, 700 autres ont été blessés. L'attaque d'Uzbin déclenche un débat sur notre présence dans le pays : les 400 derniers militaires déployés dans la province de Kapissa entament leur départ le 20 novembre 2012, signant ainsi la fin officielle de la mission française. Le retrait total de nos troupes aura lieu le 31 janvier 2014.

Le deuxième événement marquant survient le 30 décembre 2009. Dans le cadre du magazine télévisé « Pièces à conviction », le journaliste Hervé Ghesquière et son caméraman, Stéphane Taponier, ainsi que leur traducteur Reza, terminent pour France 3 un reportage en Afghanistan, dans la même province de Kapissa. Ils veulent interroger des habitants de cette région située à soixante kilomètres de Kaboul et sous le contrôle des troupes françaises. Ils quittent Kaboul à 5 heures du matin. Vers 11 heures, à une quinzaine de kilomètres de la base de Tagab, tenue par les militaires français, leur véhicule est arrêté par des taliban qui enlèvent les occupants. Les ravisseurs et leurs otages sont localisés par les forces spéciales, s'ensuit une course-poursuite infructueuse. Cet enlèvement suscite une grande émotion dans notre pays et une polémique mettant en cause l'attitude du gouvernement français à la suite d'une déclaration choquante de Claude Guéant, secrétaire général de l'Élysée sous la présidence de Nicolas Sarkozy, qui prétend que les journalistes « font courir des risques à beaucoup de nos forces armées qui sont détournées de leurs missions principales ».

Les deux journalistes français seront libérés en bonne santé – malgré des conditions de captivité difficiles – 547 jours plus tard.

51.

La mère et l'enfant

En cette fin 2009, nous avions beaucoup progressé dans le projet de construction de la deuxième aile de notre hôpital – celle de la mère et de l'enfant –, pour la gynécologie et l'obstétrique, et dotée de la première et seule réanimation néonatale d'Afghanistan. Nous avions bénéficié de l'appui de Bernard Kouchner, ministre des Affaires étrangères de l'époque et fervent soutien de l'hôpital depuis 2001, et d'un financement de l'AFD à hauteur de onze millions d'euros. Bien entendu, nous souhaitions poursuivre notre partenariat avec l'entreprise Bouygues.

Début janvier 2010, Alain Deloche et moi recevons une demande d'entretien de la part de Martin Bouygues. Nous l'avions rencontré souvent au cours du déroulement du projet et c'était un plaisir de discuter avec lui, un homme aimable et toujours précis à propos des multiples problèmes à résoudre.

En entrant dans son bureau de l'avenue Hoche, je m'attends à tout, sauf à ce qu'il va nous dire. Très gentiment, un peu gêné, il nous annonce l'abandon du projet par l'équipe Bouygues : «J'ai eu hier une réunion avec mes équipes à Kaboul. Elles estiment, compte tenu des événements dramatiques récents, les pertes de militaires français et l'enlèvement des deux journalistes de France 3, que les risques sont désormais trop importants. Nos employés sur place pourraient constituer des cibles pour d'éventuels kidnappings.» Martin Bouygues nous fait part de son profond regret d'être contraint de se retirer de ce projet qui lui tient à cœur, mais il comprend la demande de ses collaborateurs. Il se dit lié au principe de précaution dans une situation d'insécurité grandissante en Afghanistan, et souhaite être tenu au courant de la suite du projet qu'il continuera de soutenir «à titre personnel».

Nous sortons assommés et nous asseyons dans un café de l'avenue.

— Je le comprends, Bouygues. À sa place, j'aurais fait pareil, mais quand même, quelle tuile, me dit Alain de sa belle voix de baryton.

J'essaie de digérer cette mauvaise nouvelle.

— Il faut repartir de zéro, Alain. Il faut repenser la stratégie et le calendrier.

— Ouais. La stratégie, c'est facile. Le calendrier, par contre, ça nous échappe dans les grandes largeurs.

— Je n'imagine pas ne pas trouver de solution.
— Oui, je te connais, Éric l'Afghan. Tu vas jouer le grand chevalier sur ton cheval blanc, ta bannière au vent. Mais en réalité, Éric, nous sommes dans la merde, voilà.

Nous avons travaillé, tous les deux et avec d'autres, pour finalement retenir une entreprise pakistanaise, Echo West International, qui avait répondu à notre appel d'offres, mais s'était ensuite désistée. Une année et un autre appel d'offres plus tard, nous avons choisi une entreprise afghane, UNSES, qui a fait du bon travail. Ce chantier de l'aile de la mère et de l'enfant est achevé en 2016.

52.

Un vent d'enthousiasme

Au fil des mois, l'activité de l'hôpital s'amplifie. Notre établissement devient un centre de référence pour de nombreuses pathologies complexes qui n'avaient jamais été prises en charge en Afghanistan. Ce manque de connaissance et d'expertise des hôpitaux locaux a voué à une mort certaine les victimes de pathologies congénitales que les médecins qualifient de « malformatives ». Très vite, nous développons un programme appelé *Post Graduate Medical Education* afin de former de futurs spécialistes afghans de ces pathologies. Il dure quatre années et rassemble une cinquantaine d'étudiants dont environ 30 % de femmes. Souvenons-nous qu'en 2001 l'Afghanistan ne comptait que deux anesthésistes. D'énormes manques affectaient de nombreuses disciplines médicales, notamment la chirurgie viscérale pédiatrique, cardiaque, la réanimation et l'anesthésie. Nous avons développé ces enseignements pour combler les retards. Au prix de gros efforts, cinquante-six spécialistes afghans de haut niveau dans ces secteurs ont terminé cette formation, l'occasion de cérémonies de remise des diplômes sous le regard ému des familles. Rapidement, des résultats notables sont enregistrés.

De grandes premières médicales sont réalisées au sein de l'hôpital français : la première opération d'un nouveau-né victime d'une atrésie de l'œsophage, une malformation congénitale de l'œsophage incompatible avec l'alimentation ; la première opération à cœur ouvert jamais réalisée en Afghanistan par une équipe chirurgicale afghane ; la première séparation de deux petites sœurs siamoises ; puis de nombreuses interventions orthopédiques sur les scolioses du rachis des enfants. Toutes ces grandes premières, qui sont autant d'exploits, montrent la progression spectaculaire du niveau de nos équipes. À juste titre, elles se sentent fières de leurs compétences nouvelles.

Nous sommes portés par ce vent d'enthousiasme qui souffle, mais aussi absorbés par les problèmes du quotidien : l'organisation des centaines de missions de médecins, infirmières, chirurgiens des hôpitaux de l'Assistance publique de Paris, des Hospices civils de Lyon, des CHU de Toulouse, Marseille, Caen ; la quête constante de nouveaux soutiens financiers au-delà de celui de l'AFD ; l'achat d'une nouvelle IRM ; le développement de technologies telles que la lithotritie, un traitement par ultrasons – sans chirurgie – des cailloux dans les reins des enfants liés à la très mauvaise qualité de l'eau. Nous sommes aussi occupés par les études que nous menons sur l'extension de l'hôpital, la phase 3, à savoir, après l'aile de l'enfant puis de la mère, le projet d'un grand centre hospitalier universitaire centré sur les adultes et les urgences.

Donc le constat s'avère, *a posteriori*, clair et sévère : nous n'avons rien vu venir. Je suis resté sourd au fracas extérieur qui aurait dû m'avertir de la tempête qui se préparait et éclaterait à la face du monde le 15 août 2021. Les signaux existaient, visibles, nous alertant sur le caractère brutal et sanglant de ce qui se passait autour de nous, parfois tout près de nous. Nous étions pris dans le tourbillon de l'action. Nous voulions toujours plus et mieux pour cet hôpital, comme si la marche en avant nous mettait à l'abri de cette fameuse « spirale infernale » qui entraîne tout sur son passage depuis quarante ans en Afghanistan.

53.

La négation de l'humanité

Les avertissements d'une dégradation rapide de la sécurité en Afghanistan s'étalaient sous nos yeux et, sans les ignorer tout à fait, nous avons continué à travailler comme si de rien n'était. Pourtant, Mister Tom, le Dr Tom Little, gérait un hôpital d'ophtalmologie mitoyen du nôtre à Kaboul. Tom, un ophtalmologue américain de soixante ans, vivait en Afghanistan avec sa famille depuis 1976. Il travaillait pour une organisation caritative d'obédience chrétienne, l'International Assistance Mission (IAM), présente dans le pays depuis 1966, qui employait une cinquantaine d'experts internationaux et cinq cents Afghans. Tom était un pilier de la National Organisation for Ophtalmic Rehabilitation (NOOR) qui établissait des «camps» en province à partir desquels des ophtalmologues parcouraient les villages pour régler les problèmes de vue des habitants.

Le 5 août 2010, Mister Tom est assassiné avec neuf autres volontaires de l'IAM alors qu'ils rentraient en voiture à leur base, le Nuristan Eyes Camp, après une longue et difficile mission à travers le massif montagneux de l'Hindou Kouch. Ils ont été arrêtés sur la route par des hommes armés qui les ont criblés de balles.

Le même jour, un porte-parole des taliban, Zabihullah Mujahid, revendique ces assassinats en déclarant à la chaîne de télévision britannique Sky News : « L'une de nos patrouilles a affronté un groupe d'étrangers. Ils étaient des missionnaires chrétiens. Nous les avons tous tués. »

À Kaboul, Tom était notre voisin. Nous lui avions envoyé des centaines de patients, et je peux en témoigner, jamais personne n'a fait la moindre allusion à ses convictions religieuses ou au moindre prosélytisme. Je peux aussi témoigner de la force de son engagement humanitaire et de sa passion pour l'ophtalmologie.

Le 8 mars 2017, à 9 heures du matin, nous avons de nouveau été choqués par une attaque visant l'hôpital militaire de Kaboul, déjà mentionnée dans ce livre.

Le lendemain, comme prévu depuis longtemps, j'arrive à Kaboul et Najeeb me conduit à l'hôpital militaire en me racontant le massacre. Son émotion est grande, il a les yeux humides.

— Tu sais Éric, là, cette horreur, c'est la négation de l'humanité…

Au nom de quel dieu peut-on faire ça ?

Le directeur de l'hôpital militaire, le Dr Nawabi, nous accueille. Nous fendons la foule des familles des patients et parcourons avec lui les couloirs de cet établissement envahi de blessés couchés sur des brancards ou des matelas à même le sol. Je vois les pansements sanguinolents faits à la va-vite, sur un bras, une jambe, une tête, des adultes, des enfants, des nourrissons dans les bras de leurs mères. L'atmosphère est calme, chacun comprend que nous entrons dans une ère plus horrible encore. Les mots n'ont plus lieu d'être.

Arrivé devant le brancard d'un jeune homme que veut me montrer Nawabi, je suis frappé par l'intensité du regard de ce blessé, que soulignent de grands cernes sombres. Son large front est perlé de sueur, signe de douleurs intenses. Après avoir pris sa main, je soulève le drap, découvre un énorme pansement sur sa cuisse, et surtout une jambe blanche, livide, glacée, avec des masses tendues. Il s'agit d'une ischémie aiguë, un arrêt de la vascularisation de son membre inférieur.

Pas besoin de mots entre nous, Najeeb, Nawabi et moi savons qu'il faut le réopérer immédiatement pour tenter de lui épargner l'amputation.

L'intervention dure quatre heures. Je lui fais un pontage en utilisant une veine saphène pour remplacer son artère fémorale arrachée par une balle, et ainsi rétablir une circulation normale dans sa jambe.

Le lendemain, Daech revendique ce massacre et cette annonce me lève le cœur. Comment peut-on déclarer avec fierté être l'auteur de l'acte le plus bas que l'on puisse imaginer : assassiner un malade dans son lit ?

Et l'horreur s'avère sans fin. Le 12 mai 2020, à 10 heures du matin, la maternité de MSF, dans le quartier de Dasht-e-Barchi, à l'ouest de Kaboul, habité par la minorité chiite hazara, a été attaquée par plusieurs hommes armés qui sont entrés dans les salles de travail en tirant de façon méthodique sur les femmes et les nouveau-nés.

À 20 heures à Paris, Najeeb m'appelle.

— Éric, j'ai un bébé de cinq heures avec une balle de kalachnikov dans la cuisse qui lui a arraché l'artère fémorale. Que me conseilles-tu ?

J'étais perdu dans mes pensées et n'ai pas compris son message.

— Comment Najeeb ? Pourquoi cinq heures ? Il est 20 heures à Paris !

J'ai entendu un long soupir.

— Éric, tu m'entends ?

— Oui Najeeb, pardon, que m'as-tu dit ?

— Je te parle d'un bébé qui vient de naître et nous a été envoyé de la maternité de MSF attaquée aujourd'hui.

Je comprends enfin que la situation est dramatique et demande à Najeeb quelques minutes de patience afin de consulter des confrères de Necker ou de la Pitié-Salpêtrière. Je ne connais aucun chirurgien vasculaire en France avec l'expérience d'une telle pathologie. Après plusieurs appels à mes amis et confrères, je reviens vers Najeeb pour lui transmettre les conseils techniques que j'ai réunis.

Trois heures d'une intervention remarquablement conduite par Najeeb seront nécessaires pour sauver la jambe de la petite Amina. Elle subit ensuite une autre intervention difficile, elle aussi menée avec succès : une greffe nerveuse pour pallier l'arrachement du nerf sciatique par la balle de la kalachnikov.

Amina reste pour moi l'une des nombreuses victimes emblématiques de la barbarie humaine. Quel dieu exigerait de ses croyants qu'ils commettent de telles atrocités ? Comment peut-on se recommander d'un dieu quand on tue une mère en train d'accoucher, quand on vise un nouveau-né en se prétendant le soldat d'une guerre sainte ?

Ces actes et ces discours me révoltent. J'ai opéré des centaines de patients à travers le monde et je sais que nous sommes tous faits des mêmes viscères. Ces comportements insensés me font hurler de désespoir. J'ai honte qu'on puisse être conduit à réparer l'artère fémorale d'un bébé sur lequel un religieux fou a jugé bon de tirer une rafale de kalachnikov. Quand j'y pense, la nausée me vient à la gorge.

***

Après ce drame, Thierry Allafort-Duverger, directeur général de MSF, publie un communiqué qui exprime exactement l'horreur de la situation, la stupéfaction des instances face à ce drame et la difficile position des organisations humanitaires.

À la merci des acteurs de la violence qui nous considèrent, nous et nos patients, plus utiles morts que vivants, nous devons refuser d'agir à tout prix et prendre la liberté de nous retirer.

C'est pour cette raison que nous cessons nos activités à Dasht-e-Barchi, que nous ne rouvrirons pas la maternité, et que nous retirons notre personnel.

Nous pensons que cette décision est nécessaire, elle n'en reste pas moins déchirante[1].

---

1. Tribune publiée par *Le Monde*, 18 mai 2020. On peut la lire également sur le site MSF : https://www.msf.fr/actualites/a-kaboul-nous-refusons-qu-un-massacre-dans-une-maternite-soit-un-risque-ordinaire

54.

Un cœur qui bat sous nos yeux

Au début du mois de mars 2022, je vois Kamila pour la première fois, en visioconférence. Elle est allongée sur le lit d'examen de la salle d'échocardiographie de l'hôpital français de Kaboul. Ces séances diffusées par voie numérique sont devenues une habitude hebdomadaire pour nous, à Paris ou à Kaboul, mais aussi dans tous les pays où nous sommes actifs, comme le Vietnam, le Cambodge, le Mozambique, l'Ouzbékistan, Haïti, le Liban, la République démocratique du Congo, l'Irak, le Bénin, ou le Burkina Faso, entre autres.

Une fois par semaine, en fonction des fuseaux horaires, un certain nombre de jeunes patients cardiaques dont les cas sont compliqués passent sous la sonde de l'échographe tenue par le cardiologue sur place. L'image de leur cœur est reçue en direct à Paris et d'éminents cardiopédiatres français ou européens analysent les données transmises pour effectuer un diagnostic et élaborer la meilleure stratégie thérapeutique.

Aujourd'hui, la séance d'échocardiographie se passe à Kaboul. À Paris, au siège de La Chaîne de l'Espoir, les professeurs Daniel Sidi et Alec Vahanian, des hôpitaux Necker et Bichat, ainsi que Najeeb et moi-même, sommes présents. Chacun est concentré sur l'importance vitale des décisions que suscite l'examen. Revoir sur l'écran cette salle d'échocardiographie aux rideaux fermés que je connais si bien me trouble. Il y a maintenant plus de sept mois que Najeeb et une grande partie de notre équipe ont quitté la capitale afghane en catastrophe le 15 août 2021. Comme mon hôpital me semble loin ! Je n'imagine pas ne pas le revoir, mais comment envisager un retour en Afghanistan ? Avec quel avion ? Quel itinéraire ? Notre venue serait-elle acceptée par les nouvelles autorités ?

Kamila est la troisième de cette consultation : elle entre à petit pas, soutenue par Mohamed Rahimi, gracile, fragile, si maigre qu'elle en devient évanescente. Je découvre enfin son visage, très pâle, des yeux verts immenses accentuant l'intensité de son regard. Des narines pincées, un thorax qui bouge de façon rapide et saccadée, elle est visiblement essoufflée. Le silence règne, seulement troublé par les touches de l'échocardiographe que manie le cardiologue afghan. C'est un émerveillement qu'une technologie nous permette de visualiser le cœur de cette jeune fille située à six mille kilomètres de nous, de voir ses battements, l'écoulement du sang par la magie de cette fameuse valve mitrale faite de deux voiles fixées en haut et en bas du ventricule. De l'orfèvrerie admirable… sauf quand cette valve est défectueuse.

À la demande du Pr Sidi, notre collègue afghan change l'orientation de la sonde, puis passe sur le doppler couleur qui permet un codage de couleur du flux sanguin. Apparaît alors un jet massif de cette valve mitrale. « Il s'agit d'une fuite majeure caractérisée », conclut le Pr Sidi. S'ensuit une discussion technique entre Paris et Kaboul sur les caractéristiques de la valve mitrale dans ses détails anatomiques : étoffe, mobilité, taille de l'anneau pour réparer la valve…

Un consensus se fait sur la nécessité d'opérer Kamila, un autre sur la réparation de sa valve par ce que nous appelons une plastie mitrale, et non son remplacement par une valve mécanique qui nécessiterait un traitement anticoagulant à vie, difficile et dangereux à suivre en Afghanistan.

— Bon, nous sommes tous d'accord, conclut Sidi, l'indication chirurgicale s'impose, mais j'insiste sur la nécessité absolue, avant toute chose, de retaper cette *pitchoune*. Il faut la renutrir d'urgence et lui appliquer un traitement tonicardiaque et diurétique. Cette jeune fille est au bord de l'œdème pulmonaire, son ventricule gauche, au tapis. La seule chance, pour elle, c'est l'opération.

Je vois Najeeb se lever et, chose extraordinaire, allumer une cigarette. Nos regards se croisent.

— Oui, Éric, je sais, c'est con, mais je fais comme je peux.

— Je n'ai rien dit, Najeeb.

— Ton regard a parlé. J'ai recommencé à fumer durant notre évacuation de Kaboul, dans cette ambiance de folie, quand on attendait, avec Eva et Jean-Christophe, un avion pour n'importe où afin de sortir du cauchemar ambiant. Ne t'inquiète pas, ça ne va pas durer.

Alors que nous allions quitter la pièce, une petite voix sort de notre écran : « Docteur, dit Kamila en pachto, je pensais ne jamais vous revoir. »

Najeeb se retourne. Ce souffle, c'est Kamila qui lui parle. Il s'assied à quelques centimètres de l'écran et s'adresse à voix basse à la jeune fille. Elle s'exprime avec lenteur, entre deux inspirations souvent interrompues par une quinte de toux qu'elle cache dans son mouchoir. Même sans comprendre ce qui se dit, chacun sent l'intensité de cet échange à mi-voix entre lui et elle. Kamila veut savoir ce qui l'attend, consciente de la lente dégradation de son état qui rend chaque inspiration difficile. Najeeb renoue ainsi, à distance, son lien avec l'hôpital, cette envie d'action pour sauver si possible les patients qu'il a abandonnés le 15 août dernier avec une conscience coupable et le désir de vivre. Il veut aussi, par-dessus tout, tenir la promesse faite au grand-père de Kamila. Durant cet échange, j'observe cette jeune fille qui s'est relevée sur la table d'examen avec l'aide de Mohamed Rahimi. Elle se concentre sur son dialogue avec Najeeb et en oublie son voile qui glisse sur ses épaules. Je vois son beau visage et sa pâleur diaphane. Chacun de nous, à Paris comme à Kaboul, reste suspendu à cette voix fragile, ce débit saccadé, la blancheur d'albâtre de sa peau.

Tous, nous entendons et comprenons à travers elle le malheur des Afghans, la douleur et les blessures de la guerre qui semble sans fin, la « spirale infernale » dont parlait le père de Najeeb et qui n'épargne personne.

Kamila met fin à son échange avec Najeeb d'un geste élégant, sa main droite posée sur sa poitrine, s'inclinant légèrement vers l'avant. Mohamed la porte alors doucement vers une chaise roulante qui la remmène à la Maison des enfants.

Épuisé, Najeeb allume une nouvelle cigarette puis l'oublie dans un cendrier.

— Alors, Najeeb, que t'a-t-elle dit ?

— Elle est très faible, mais de façon paradoxale, extrêmement forte. Elle a vécu ces trois derniers mois comme une enterrée vivante, ne pouvant pas sortir car son oncle était terrorisé par les taliban à cause du refus de Kamila de porter la burqa qu'il lui avait achetée. Il lui avait confisqué son portable, aussi, par crainte que les taliban ne le trouvent et ne regardent les messages qu'elle échangeait avec ses amis. Elle est révoltée par toutes les mesures prises contre les femmes, inquiète pour l'accès à l'école. Elle reste obnubilée par ses futures études de médecine et parle de son avenir comme si son problème cardiaque était résolu, et ce n'est pas demain la veille, comme tu le sais. Je lui ai expliqué que nous avions décidé de l'opérer, elle a donné son accord et continue à être très intéressée par les détails pratiques et techniques de l'opération. Je ne sais pas s'il s'agit d'une force de caractère exceptionnelle ou d'un moyen de défense. Elle a passé des semaines à attendre le jour suivant, à ne plus trouver le sommeil, à réfléchir à comment sortir de ce piège. Parfois, m'a-t-elle dit, elle avait envie de hurler, ou de pleurer, il lui fallait aussi calmer la peur panique de son oncle après deux visites des taliban. Ils voulaient savoir pourquoi Kamila n'était pas encore mariée à seize ans. Le fait qu'elle soit malade les a calmés pour l'instant. Elle m'a aussi raconté être sortie deux fois par la porte donnant sur le petit jardin à l'arrière de la maison, pour voir le ciel et le soleil.

55.

Une manifestation de femmes

De sa fenêtre de la Maison des enfants, le 13 août 2022, Kamila entend des chants dans la rue, puis apparaît un cortège d'une quarantaine de femmes marchant d'un pas vif et criant : « Pain, travail et liberté. » Émue, elle les regarde, leurs cheveux couverts d'un voile léger, presque toutes portant des pancartes demandant le droit à l'éducation, le droit de travailler et de manger à sa faim. Sur un des panneaux est écrit : « Le 15 août est un jour noir », en référence au retour des taliban au pouvoir, le 15 août 2021.

Mais très vite, la petite foule des manifestantes disparaît du champ de vision de Kamila, pleine d'admiration pour ces femmes courageuses qui ne font que réclamer leurs droits. Si elle le pouvait, elle irait les rejoindre. Avec elles, l'espoir demeure d'un avenir meilleur. Kamila essuie ses yeux. Elle comprend qu'elle a pleuré.

Et puis, au loin, quelques minutes plus tard, elle entend des cris, des tirs d'armes à feu, et veut savoir ce qui s'est passé. Un médecin afghan lui dira que les manifestantes ont été arrêtées par les taliban alors qu'elles s'approchaient du ministère de l'Éducation. Ils ont tiré en l'air avant de les disperser à coups de crosse de fusil ou de bâton.

Malgré les promesses hypocrites prononcées par les taliban à leur reprise du pouvoir, les femmes et les jeunes filles sont à nouveau exclues non seulement du travail et de l'éducation, mais aussi des droits les plus élémentaires comme celui de marcher seules dans les rues ou de s'habiller à leur convenance[1].

Dans un article émouvant publié par le *Financial Times* ce même 13 août 2022, on apprend que de nombreuses Afghanes écrivent et s'envoient des messages. Cet article reproduit une trentaine d'entre eux, et nous en avons sélectionné deux. Le 15 août 2021, Zainab écrit : «J'ai fait bouillir de l'eau avec du liquide vaisselle. J'y ai trempé les pages de mes carnets et de mes manuscrits, l'une après l'autre. Mon père m'a dit que les cendres de

1. Un communiqué de presse de l'Unicef (Fonds des Nations unies pour l'enfance) du 15 août 2022 estime que priver les Afghanes de leur droit à l'enseignement secondaire a un effet dévastateur sur l'économie. Cette organisation estime les pertes pour le pays à au moins cinq cents millions de dollars depuis la prise de pouvoir par les taliban un an auparavant.

tous ces livres ne pouvaient être cachées, mais que si on plonge les papiers dans l'eau mousseuse et qu'on les lave comme s'il s'agissait d'un tissu, aucune trace de ce que j'ai écrit ne sera lisible. Maintenant que les taliban sont là, mes mots sont bons pour la poubelle. »

Fatema, en septembre 2021, écrit : « Les taliban ont banni les femmes des campus universitaires. Toutes leurs promesses étaient des mensonges. Je ne peux pas supporter d'être en cage. Je veux être libre, étudier, voyager, travailler, rire sans retenue. Je veux quitter ce pays où chaque jour une promesse est reniée. »

J'ai gardé ce journal britannique pour le montrer un jour à Kamila. Laquelle, m'informe Najeeb, est au courant de l'atmosphère générale du pays et fait preuve d'une grande maturité politique. « Les taliban, m'a-t-elle dit, veulent nous faire disparaître de l'espace public. Leur problème n'est pas le voile, mais les femmes elles-mêmes, dont ils ont peur. Jusqu'à l'âge de trois ou quatre ans, ils ne connaissent que leur mère, puis ils vont étudier à la madrasa et ne savent rien de nous. »

56.

Lueur d'espoir

— Bon, Éric, décidons de ce que l'on fait. Il faut opérer Kamila, mais à Kaboul, car la faire sortir du pays relève de l'impossible. Même si on y arrivait, elle ne supporterait pas le voyage en avion à cause de la dépressurisation. Et là, nous avons un vrai problème car nous sommes partis de Kaboul depuis près d'une année et comme aucune mission n'a été envoyée à l'hôpital, plus personne ne saura l'opérer. Elle ne pourra pas attendre des mois alors que nous restons ici sans rien faire.

— Je vois une petite lueur d'espoir, Najeeb. Je sais qu'une dizaine de responsables taliban iront à Genève dans quelques jours, invités par une ONG suisse, L'Appel de Genève, et j'ai pris contact avec son président pour rencontrer ces taliban et aborder avec eux les multiples problèmes à résoudre, notamment la reprise de nos missions.

Je n'ose pas dire à Najeeb que sa double nationalité franco-afghane me pose problème, mais il faudra bien que nous en parlions. Pour l'instant, nous ne savons rien de l'attitude des nouvelles autorités afghanes à l'égard des binationaux tels que Najeeb, qui a acquis la nationalité française en 2018. L'Iran, par exemple, ne reconnaît pas la double nationalité et emprisonne de façon arbitraire ses ressortissants dans cette situation, les transformant en otages dont la libération peut coûter très cher. Existe-t-il un risque semblable en Afghanistan ?

57.

Le rendez-vous de Genève

Par la fenêtre du TGV, je contemple les collines du Beaujolais sous un soleil timide qui rase l'horizon avant de se coucher. Avec Isabelle Lopes, la directrice des programmes de La Chaîne de l'Espoir, nous partons à Genève.

Grâce à l'ONG L'Appel de Genève, nous avons obtenu un rendez-vous avec la délégation d'une dizaine de responsables taliban menés par le mufti Latifullah Hakimi, haut fonctionnaire du ministère de la Défense, le mardi 8 février 2022, à 8 h 30 du matin, à l'hôtel Royal.

Cette rencontre ravive chez moi le sentiment de culpabilité que j'éprouve depuis le 15 août 2021. J'ai abandonné mes collègues et mes amis de l'hôpital français, et il n'est jamais agréable de considérer ses manquements. Depuis cette date, et le départ précipité d'une grande partie du personnel hospitalier, le désastre humanitaire et économique relève d'une triste évidence. Omniprésente, la faim affecte vingt millions d'Afghans. L'économie locale est dévastée, le système bancaire n'a plus un sou. Le gel des avoirs afghans à l'étranger a provoqué une catastrophe économique sans précédent. La difficulté ou l'impossibilité d'accès aux liquidités a des conséquences paralysantes sur les canaux de paiement classiques et provoque des ruptures dans les chaînes d'approvisionnement. Ces sanctions rendent également très difficile le paiement des personnels locaux et des fournisseurs des ONG. Bon nombre d'Afghans ont perdu leur emploi et sont réduits à la mendicité. Des enfants qui devraient être scolarisés travaillent pour aider leurs parents. Des petites filles sont vendues à des hommes âgés.

58.

La détresse et l'électricité

Tandis que notre TGV file vers Genève, je me rappelle comment, après le premier moment de sidération qu'a provoqué chez nous ce 15 août fatal, nous avons consacré toute notre énergie à remettre en route notre hôpital. Depuis, nos collègues afghans sont revenus travailler, mais sans notre aide. Heureusement, une multitude de visioconférences permet de maintenir le lien avec eux.

Le plus difficile pour moi a été de continuer à recevoir les demandes, toujours bouleversantes, de mes collègues afghans cherchant à venir en France avec leurs familles. Ils m'expliquent leur détresse, leur volonté de quitter un pays qui empêche leurs filles d'étudier, et me *prient* de les aider. Ce qu'ils ne savent pas, c'est que je n'ai aucun pouvoir sur les autorités françaises, les seules habilitées à délivrer un visa. Et, par ailleurs, il ne m'est pas facile de laisser partir un anesthésiste, un biologiste, une infirmière de réanimation que nous avons mis quatre ans, huit ans, parfois dix ans à former aux techniques les plus avancées de leurs spécialités. Cette fuite éperdue des cerveaux représente un drame supplémentaire pour l'Afghanistan. À moyen et long terme, elle aura des conséquences catastrophiques.

Si je comprends ces demandes à titre personnel, elles s'avèrent ingérables dans le contexte de notre hôpital. Sur ses neuf cent soixante-dix salariés, quatre-vingt-dix sont déjà partis à l'étranger, dont une majorité de médecins. Nous comptions neuf réanimateurs, il n'en reste plus qu'un. Que faire, dans une situation aussi dramatique, si nous ne pouvons plus envoyer de missions de France pour pallier le manque abyssal de ressources médicales ?

Pour la poursuite de notre activité, il me faut peaufiner mon argumentaire sur tous ces sujets vitaux. L'électricité est l'un des plus sensibles. Lors de l'inauguration de notre hôpital, en 2006, le gouvernement afghan de l'époque nous a exemptés de taxes pour les médicaments importés par l'hôpital français et nous a assuré la gratuité de l'électricité. Cet accord signé par le gouvernement Karzai, les taliban le contestent. Non seulement ils nous réclament le paiement de notre électricité, mais aussi le règlement d'un prétendu arriéré qu'ils évaluent à 1,3 million de dollars.

Ce différend survient dans un contexte particulier. En octobre 2021, une explosion revendiquée par Daech détruit deux énormes pylônes dans la province de Parwan et coupe une ligne d'importation d'électricité, d'où une rupture de courant à Kaboul et dans onze provinces.

En matière d'électricité, l'Afghanistan dépend pour les trois quarts de ses besoins de deux pays voisins, l'Ouzbékistan et le Tadjikistan. Sans aide internationale, les taliban ne peuvent pas payer ces importations qui représentent soixante à quatre-vingt-dix millions de dollars. La sécheresse a aggravé la situation en rendant les barrages hydroélectriques afghans quasiment inopérants.

Dos au mur, les taliban cherchent de l'argent, reniant les accords des gouvernements précédents et n'hésitant pas à couper l'électricité à un hôpital comptant de nombreux jeunes patients, dont en moyenne huit à dix bébés grands prématurés ventilés en couveuse. Ce qui équivaut à une condamnation à mort.

En cas de rupture de courant dans notre hôpital, nous avons deux minutes pour sauver nos petits patients en démarrant les deux générateurs restants (le troisième est en panne) qui fonctionnent au fuel, d'un usage coûteux.

59.

Testostérone

Arrivés à Genève, nous descendons à l'hôtel Royal, près de la gare, et sommes encadrés par un petit groupe de femmes brandissant pancartes et photos d'Afghanes disparues depuis le retour au pouvoir des taliban.

Le lendemain matin, en entrant dans la pièce du petit déjeuner, nous repérons vite nos futurs interlocuteurs, tous barbus, coiffés de turbans noirs ou blancs et chaussés de sandales en plein hiver. Isabelle et moi avançons vers la salle de conférences où sont déjà installés les interprètes tandis que les taliban arrivent d'un pas lent, l'un après l'autre.

Même bien préparés, nous avons le trac. Depuis des mois nous scrutons les faits et gestes de ce nouveau pouvoir et savons qu'avec lui, chaque jour est pire que la veille. Nous avons décidé d'un *dress code* : une écharpe sur les épaules pour Isabelle, une cravate pour moi. Puis, comme chez le dentiste, nous attendons d'être appelés.

Ils sont treize et forment une masse sombre et ouvertement virile. Treize barbus, l'air rugueux et peu conciliant, à l'exception, peut-être, du ministre de la Santé, le Dr Qalandar Ibad, urologue d'une quarantaine d'années, au visage avenant qu'on remarque vite dans cette assemblée lourdement chargée en testostérone. Deux cabines en verre au fond de la salle abritent deux interprètes. D'un geste, le ministre nous fait signe de prendre la parole.

Pendant vingt minutes, j'expose l'historique de l'hôpital français de Kaboul, ses équipements, ses spécificités médico-chirurgicales uniques en Afghanistan. Je décris ensuite le montage juridique qui régule notre façon de travailler avec nos quatre partenaires de toujours, la Fondation Aga Khan, le ministère français des Affaires étrangères, le gouvernement afghan – qui a signé des engagements jusque-là respectés, notamment sur l'électricité – et, bien sûr, La Chaîne de l'Espoir que je préside. J'insiste sur la nécessité d'envoyer à nouveau des missions médicales, sur nos inquiétudes quant à la sécurité de l'hôpital, de ses patients et de ses soignants. Enfin, je plaide pour que soient acceptées des femmes médecins, françaises ou européennes, essentielles à la formation et au fonctionnement de notre maternité.

Isabelle prend le relais pour évoquer les difficultés financières auxquelles nous faisons face en matière de règlement des salaires, d'approvisionnement des consommables, et la fuite des cerveaux qui ampute nos ressources médicales. Elle insiste également sur la nécessité d'un recrutement impartial exclusivement basé sur les connaissances techniques des candidats, et sur le fait que nous ne pouvons accepter de recrues bénéficiant d'un « copinage ». Elle évoque le travail des femmes qui représentent un tiers de nos neuf cent soixante salariés, et mentionne aussi la Maison des enfants qui accueille gratuitement près de trois cents jeunes patients par mois, dont les frais sont pris en charge par La Chaîne de l'Espoir avec le soutien du Centre de crise du ministère français des Affaires étrangères.

Un grand silence conclut nos présentations. Ont-ils compris ce que nous leur avons dit ? Ont-ils conscience de l'importance des sujets abordés ? L'urologue prend la parole et nous rassure. Il mesure bien la situation. Grâce à sa formation médicale, nous parlons le même langage. Selon lui, les nouvelles autorités acceptent que nous continuions notre action au sein de l'hôpital, avec le retour des missions et la formation des jeunes médecins, sans intervention ou favoritisme. Par contre, sur la question de l'électricité ou de la prise en charge du coût des opérations, le discours d'autres membres de la délégation est plus abrupt ou dogmatique, presque menaçant. Pour eux, « vous êtes riches, donc vous payez », ce qui sous-entend que si ces paiements ne sont pas effectués, ils sauront nous forcer à le faire à leur manière. Ils insistent sur leur difficile situation depuis le blocage des avoirs de la banque centrale d'Afghanistan déposés aux États-Unis, une action qui constitue à leurs yeux la seule cause de la catastrophe humanitaire en cours.

Tout au long de cette discussion, les interlocuteurs alternent échanges constructifs et propos dogmatiques détachés de la réalité. Visiblement, ce groupe n'est pas homogène, à l'image, sans doute, des deux tendances qui semblent se disputer le pouvoir, les rigoristes du clan Haqqani, proche de Kandahar, et les pragmatiques du groupe du mollah Baradar Akhund.

Nous quittons Genève en retenant un point fondamental : les missions à Kaboul peuvent reprendre dans les plus brefs délais pour faire face à l'urgence des besoins. Je pense alors à Kamila, frêle et à bout de souffle durant son échocardiographie.

60.

La misère de plein fouet

En ce début août 2022, nous voici, Najeeb et moi, à 2 heures du matin, dans l'aéroport de Dubaï en attente du vol de la compagnie afghane Kam Air qui doit décoller une heure plus tard pour Kaboul. Blacklistée, cette compagnie fonctionne quand même et c'est la seule qui dessert encore l'Afghanistan, donc nous n'avons pas le choix.

L'avion est à moitié vide et nous sommes très heureux de partir. Nous n'avons pas vu Kaboul depuis presque une année, même si des contacts quasi quotidiens ont été maintenus avec les équipes sur place. Je n'arrive pas à m'endormir, soucieux d'avoir été, ces derniers mois, un spectateur passif de l'effondrement de l'Afghanistan. La misère frappe de plein fouet ce pays déjà fragilisé par quarante années de guerre et où 97 % des Afghans vivent dans la pauvreté. Selon l'ONU, plus d'un million d'enfants afghans sont menacés de famine et 95 % de la population ne mangent pas à leur faim. Quant à notre hôpital, il m'apparaît comme un magnifique glaçon en train de fondre dans ma main. J'ai peur qu'il ne disparaisse, victime de la fuite inexorable et désespérée des médecins, anesthésistes, radiologues dont je comprends l'épouvante. Les taliban « new style » sont aussi archaïques que leurs prédécesseurs, vingt ans plus tôt. Ils veulent une application rigoriste de la charia, le bannissement des femmes de la vie publique et de la plupart des emplois. Les promesses d'un gouvernement « inclusif » ouvert aux minorités se sont vite évaporées. Mes collègues sont partis car les collèges et lycées n'acceptaient plus les jeunes filles, condamnant les adolescentes à vivre sous cloche, sans aucune perspective d'un avenir désirable.

Une turbulence secoue le vieil avion et arrête le fil de mes sombres pensées. Assis à côté de moi, Najeeb dort du sommeil du juste, comme la majorité des passagers enroulés dans leurs grands châles. Le jour commence à poindre à travers le hublot. Ce retour à Kaboul me bouleverse et me fait m'interroger. Dans quel état va-t-on retrouver l'hôpital ? Pourra-t-on opérer ? Que faire de ces longues listes d'attente d'enfants et de femmes malades ? La sécurité sera-t-elle assurée ? Mille questions sans réponses.

L'inclinaison brutale de l'appareil annonce la plongée vers Kaboul depuis le haut des montagnes de l'Hindou-Kouch, à plus de sept mille mètres d'altitude, jusqu'à l'aéroport, à mille sept cents mètres. Dès l'atterrissage, j'essaye d'apercevoir à travers le hublot ce Kaboul qui m'a tant manqué. Notre avion est le seul sur un tarmac jadis très actif. Vu le peu de monde devant leurs guichets, les policiers de l'émigration expédient les formalités. Alors que sa binationalité aurait pu poser problème, Najeeb passe sans difficulté.

La voiture blindée de l'hôpital nous attend au milieu d'un parking vide, un spectacle d'abandon par rapport à la foule désordonnée, colorée et bruyante à laquelle j'étais habitué. Le gigantesque portrait du commandant Massoud qui ornait le fronton de l'aéroport n'est plus là, de même que l'avion Mig qui trônait fièrement à la sortie depuis les années 1990. Pendant que Najeeb discute avec le chauffeur qui semble ravi de le revoir, je scrute cette ville que j'ai beaucoup fréquentée au fil de ces vingt dernières années. Nous filons sur la route à quatre voies en direction de Kaboul et j'aperçois les premiers halls de mariage, des bâtiments immenses rivalisant jadis de stuc, de néons, de décorations clinquantes. Tous sont abandonnés aujourd'hui, notamment le plus kitsch d'entre eux, le Paris Palace. Je me souviens d'y avoir assisté à une cérémonie avec une profusion de nourriture, de musique, de joie, de robes colorées et de costumes chatoyants. Chacun dansait, sans séparation entre hommes et femmes.

Mais l'heure n'est plus à ce genre de fêtes spectaculaires et coûteuses.

Le chauffeur nous raconte avoir été récemment invité à un mariage collectif regroupant soixante-dix couples, du jamais-vu en Afghanistan auparavant. Tout au long de la cérémonie, les mariés sont restés séparés par des combattants taliban patrouillant avec leur kalachnikov en travers de la poitrine. Réciter des poésies était le seul divertissement autorisé. La fête s'est terminée quand les époux, portant un badge en plastique, ont été autorisés à rejoindre leurs épouses équipées du même badge, et ont quitté les lieux.

Au pouvoir entre 1996 et 2001, les premiers taliban avaient interdit les mariages ostentatoires. Leurs successeurs n'ont pas eu à réitérer cette interdiction, une grande misère régnant dans le pays. Mais ils ont prohibé les divertissements musicaux.

Quelques minutes plus tard, la voiture s'arrête à un feu rouge et nous sommes assaillis par une foule de mendiants tapant sur les vitres, de femmes en burqa tenant leur bébé dans les bras, d'enfants, de vieillards. Bien sûr, j'avais déjà vu des mendiants à Kaboul, mais jamais en si grand nombre. « Les gens ont faim », nous dit le chauffeur.

61.

Douze taliban

En arrivant à l'hôpital, la voiture s'arrête devant une barrière métallique et des bornes escamotables pour entraver l'entrée de véhicules kamikazes. Un taliban s'approche, reconnaît notre chauffeur et nous laisse passer. Je savais que notre hôpital était gardé, vingt-quatre heures sur vingt-quatre, par douze taliban qui se relayaient et que nous payions, mais j'avais du mal à y croire. Pourtant, c'est bien la réalité.

Dès que la voiture franchit l'enceinte, se pressent pour nous saluer des gardiens, médecins, femmes de ménage, infirmières, qui serrent Najeeb dans leurs bras comme un enfant prodigue, un accueil chaleureux qui nous va droit au cœur.

Le directeur Aziz est là aussi, l'air très heureux de notre arrivée. Il me prend par le bras et m'emmène à travers l'hôpital pour me montrer l'ordre et la propreté des lieux. Quelle émotion de retrouver cet endroit que je connais dans tous ses détails !

Nous arrivons dans le grand hall, ouvrant sur les salles de consultation, dans lequel des familles attendent, et poursuivons vers la radiologie. L'échographie et le scanner fonctionnent, mais l'IRM attend depuis deux mois la visite de l'équipe de maintenance Siemens qui a quitté Kaboul pour le Pakistan. Je n'ai pas le temps de poursuivre ma discussion avec Archid, le chef de service de radiologie, car Aziz m'entraîne vers le laboratoire d'hématologie où sont effectuées les prises de sang. Nous continuons notre visite à grands pas. Service d'hospitalisation au premier étage, réanimation, stérilisation, bloc opératoire, gynéco-obstétrique, et nous parvenons dans la salle de réanimation néonatale avec ses huit couveuses occupées par des bébés très prématurés, nés entre trente-deux et trente-sept semaines. Cet endroit m'a toujours impressionné par sa technicité et les compétences requises pour gérer des cas extrêmes. Il s'agit de la seule réanimation de ce type en Afghanistan.

Je félicite Aziz qui m'avoue sa fierté d'avoir maintenu le vaisseau à flot pendant cette année tourmentée, et me dirige vers la Maison des médecins, protégée par des barbelés – rehaussés une nouvelle fois. Une petite guérite a été construite, qui abrite un garde jour et nuit.

Après s'être soumis au long rituel des salutations afghanes, Najeeb me rejoint. Il bénéficie d'une chambre dans cette maison et la revoir après l'avoir quittée dans l'urgence le 15 août 2021 l'émeut. Il y retrouve ses lunettes loupes de bloc opératoire oubliées dans la précipitation du départ.

Assis avec une tasse de café dans le petit jardin, nous savourons cet instant.

— Tu vois, Najeeb, on est revenus.

Il sourit, mais son téléphone sonne et je le regarde arpenter le patio avec de grands mouvements de bras, l'air surpris.

— C'est incroyable, Ayman al-Zawahiri vient d'être tué par un drone à Kaboul !

— Le chef d'Al-Qaïda ?

— Oui, et aussi le cerveau des attentats du 11 septembre 2001 avec Ben Laden.

— Qui t'a dit cela ?

— Aziz, le directeur de l'hôpital. Il vient de l'apprendre. Il m'a raconté qu'un drone a lâché un missile Hellfire, une arme sans charge explosive et d'une précision inouïe. Al-Zawahiri était sur son balcon tôt ce matin et ce missile a déployé six lames qui ont découpé la cible en tranches sans le moindre effet de souffle.

— En tranches ?

— Oui. Aziz m'a précisé que la frappe avait eu lieu dans le quartier de Shirpour où résident de nombreux hauts responsables taliban. La planque où il était réfugié depuis longtemps appartient à un collaborateur de haut rang de Sirajuddin Haqqani, un terroriste recherché par les États-Unis. Tu te rends compte ? La simple présence d'Al-Zawahiri à Kaboul constitue une violation éclatante des accords de Doha. Les taliban s'étaient engagés à ne pas accueillir Al-Qaïda sur leur sol, ni aucun groupe ou individu susceptible d'utiliser le territoire afghan pour menacer la sécurité des États-Unis et de leurs alliés.

Cette nouvelle prouve le cynisme des taliban, mais aussi les faibles qualités du négociateur nommé par Donald Trump, Zalmay Khalilzad, *alias* King Zal. Il affirmait que la négociation se conclurait par un accord de partage du pouvoir. C'était une illusion. «Les taliban n'en avaient aucune intention», déclare un analyste du Hudson Institute, Husain Haqqani. Selon lui, les Américains n'ont pas signé «un accord de paix, mais une reddition[1]».

---

1. «Les accords de Doha et le retour des taliban au pouvoir», interview d'Husain Haqqani, *BBC Mundo*, 17 avril 2021.

62.

Les petits Fangio du fauteuil roulant

Dans l'après-midi, nous allons à la Maison des enfants où nous retrouvons Rahim, toujours fidèle au poste pendant cette année difficile. Une ribambelle d'enfants nous regardent, parfois l'air inquiet, la plupart curieux. Certains sont plâtrés, d'autres couverts de pansements, quelques petits champions manœuvrent leur fauteuil roulant avec maestria. Dans la pièce réservée aux femmes, celles-ci sont assises ou allongées sur des matelas le long des murs. Quand nous frappons à la porte, elles remettent vite leur voile qui masque avec peine l'esquisse d'un sourire lorsqu'elles entendent Najeeb plaisanter. À côté se trouve la pièce des hommes, pères, grands-pères, oncles des enfants, tous assis, ils nous saluent d'un hochement de tête, la main sur le cœur. Ils forment un extraordinaire éventail d'ethnies afghanes. Un vieux Pachtoune, sec et droit comme un *i*, coiffé d'un turban blanc impeccable, s'enveloppe d'un grand manteau usé décoré de broderies élimées. À ses côtés, un Hazara, yeux bridés et sourire aimable, porte un costume brun en grosse laine et un gilet vert et jaune. Pantalon ample et longue veste claire, le Panshiri reste coiffé de son *pacol*, le béret de laine qu'a rendu célèbre le commandant Massoud. Un Nouristani, enfin, sa couverture brune posée sur les épaules, nous regarde avec des yeux d'un bleu éclatant. D'un geste simple, la main droite sur le cœur, nous échangeons des *salam aleikoum*, une offre de paix, la plus belle des promesses dans ces circonstances. Avec tous ces hommes rassemblés autour de lui, Najeeb mène une conversation joyeuse.

— Maintenant, allons voir Kamila, me dit-il.

63.

Un échange lent et doux

À peine la porte de Kamila ouverte, je sais que la situation est grave. Une bouteille d'oxygène munie d'un fin tuyau transparent lui apporte de l'air. Sa peau très pâle rend son visage diaphane. Allongée sur son lit contre le mur, elle suit les nuages du regard par la fenêtre. Notre arrivée la fait sursauter. Elle essaie de remettre son voile d'un geste maladroit, gênée par un cathéter dans son bras droit. Najeeb démêle le nœud qui s'est fait entre le tuyau d'oxygène et celui de la perfusion. Très essoufflée, elle laisse Najeeb, qui a toute sa confiance, tenir sa main, et l'écoute lui expliquer l'opération à venir, et je le vois mimer l'incision du thorax. Parfois, elle l'interrompt, parlant de façon saccadée, pour poser une question. Cet échange lent et doux, presque chuchoté, suit le rythme du flux d'air que peuvent expirer ses poumons.

À la sortie, nous rencontrons son oncle à qui Najeeb explique la situation précaire de Kamila, la nécessité de l'opérer rapidement et les risques liés à l'intervention. L'oncle hoche la tête, sans objection. Quelques instants plus tard, nous sommes de retour à l'hôpital.

— Najeeb, vu l'état de Kamila, que penses-tu de l'idée de la transférer à l'USIC[1] ? On pourrait mieux la surveiller. Dans la Maison des enfants, nous n'aurons pas le temps de réagir, il n'y a qu'une infirmière de nuit.

Najeeb opine du bonnet, l'air absent.

— Oui, Éric, tu as raison.

— Tu es d'accord ?

— Oui, oui.

Il me regarde.

— Tu sais ce qui m'a le plus ému ? Elle a deux livres sur sa table de nuit, un ouvrage de vulgarisation de l'anatomie du cœur, et une méthode pour apprendre le français. Elle m'a dit que, si elle ne peut pas faire ses études de médecine à Kaboul, elle essaiera de partir en France. Elle m'a demandé des détails sur l'intervention et j'ai eu la même impression que pendant la visioconférence que nous avions eue lors de son échographie : elle se comporte comme si quelqu'un d'autre était concerné, un détachement qui révèle une force de caractère incroyable, ou une inconscience totale qui lui offre une protection psychologique.

1. Unité de soins intensifs cardiologiques.

Il me regarde, comme saisi d'une soudaine impatience.

— Bon, maintenant que nous sommes ici, Éric, programmons son intervention dans les tout prochains jours.

64.

La mitrale, ses voiles et ses cordages

Il est 9 h 30, le bloc bouillonne d'effervescence, c'est le grand jour pour Kamila. L'équipe au complet se rassemble autour de la table où elle repose depuis trente minutes pour la mise en condition. Il faut d'abord installer deux voies pour les perfusions, un cathéter dans l'artère radiale du poignet droit pour contrôler la pression artérielle, un autre pour la machine assurant la circulation extracorporelle du sang. Gérée par Mohamed Rahimi, cette machine, appelée CEC, fonctionne lors de l'arrêt du cœur comme un cœur et un poumon artificiels. L'anesthésie a doucement plongé la jeune fille dans un sommeil profond. Je suis heureux de voir notre bloc opératoire fonctionner quasiment normalement, et j'admire notre équipe afghane, présente et efficace après cette année si difficile sur le plan professionnel, mais aussi familial.

Najeeb et moi avons apporté dans nos valises du matériel spécifique, comme des fils de suture très fins pour la chirurgie minutieuse. Nous nous lavons les mains en silence, les mots ne sont plus nécessaires. Najeeb va opérer, je l'assisterai avec l'aide d'Anouch, un jeune chirurgien afghan encore en formation. Nous entrons dans la salle d'opération habillés, gantés et portant des lunettes grossissantes. Dans le larynx de Kamila, l'anesthésiste passe un tube relié à un respirateur qui prendra en charge la ventilation des deux poumons.

Après avoir badigeonné la cage thoracique, nous mettons en place les champs opératoires qui masquent le corps et ont pour effet de nous faire oublier cette jeune fille et nous concentrer sur un rectangle de peau encadré de tissu. L'opération devrait durer trois heures.

Tout est prêt, nous sommes tous autour de la table, Najeeb et Anouch à droite, moi en face, avec Fatima, remarquable panseuse.

Najeeb inspire.

— Allez, on y va les enfants !

D'un geste ferme et précis, il incise la peau du thorax sur la ligne médiane, puis, à l'aide d'une scie électrique, sectionne le sternum, ce qui lui permet d'arriver directement sur le cœur, encore protégé par la fine membrane du péricarde qu'il incise également. Des canules mises en place dans l'oreillette droite et l'aorte sont reliées à la machine de circulation extracorporelle pour prendre le relais du cœur de Kamila.

— En route, la CEC, lance Najeeb.

— En route, la CEC, répète de façon militaire Mohamed Rahimi, le pompiste, afin qu'aucun malentendu fatal ne vienne perturber la manœuvre.

L'ensemble des paramètres vitaux s'affiche sur l'écran : courbe des pressions artérielles, électrocardiogramme, pression d'oxygène, température. Celle de son corps est abaissée jusqu'à 25 °C, ses battements cardiaques se ralentissent puis s'arrêtent, son cœur devient froid, flasque et inerte, la courbe de l'électrocardiogramme est totalement plate.

— Arrêt de la ventilation, annonce l'anesthésiste.

— Aorte clampée. Il est 11 h 30.

Le cœur est maintenant arrêté, isolé de la circulation qui se fait de façon exclusive par la pompe de CEC dont on perçoit le petit ronronnement.

— Départ de la cardioplégie, annonce le pompiste.

Un liquide refroidi à 4 °C est injecté dans le cœur pendant quelques minutes, puis vient le moment tant attendu, l'instant où le diagnostic sera éventuellement confirmé et la solution trouvée pour redonner vie à ce petit organe à bout de souffle. Un silence total règne dans le bloc. L'ouverture de l'oreillette gauche, après la mise en place des écarteurs que je tiens, donne une excellente visibilité sur cette fameuse valve mitrale qui ressemble à deux grandes voiles d'un navire accrochées par des cordages.

— Eh bien, on n'est pas venu pour rien, déclare d'une voix neutre Najeeb. Regarde Anouch, tu vois sa valve ? Elle est épaissie et totalement incontinente car ses deux feuillets ferment mal, donc génèrent une fuite importante aggravée par la rupture de plusieurs cordages.

Aussitôt commence le minutieux travail de réparation, d'abord par la mise en place d'un anneau prothétique de bonne taille pour rétablir l'anatomie originelle, puis la réparation des cordages rompus grâce à des fils de suture ultrafins visibles à travers des lunettes grossissantes.

Dès le travail de couture terminé, la phase d'atterrissage commence :

— Quatre-vingt-deux minutes. Déclampage de l'aorte. Réchauffement.

— Réchauffement, répète le pompiste.

Le réchauffement progressif du cœur se fait par l'intermédiaire de la machine de CEC. Le cœur est toujours flasque, sans la moindre fibrillation. Au bout de dix minutes, tous les regards restent figés sur le tracé de l'électrocardiogramme désespérément plat. Najeeb prend deux larges palettes métalliques et les place de part et d'autre du cœur :

— Choc à 10, annonce-t-il.

— Choc à 10, répète la panseuse, avant d'actionner le bouton du défibrillateur.

On observe quelques contractions anarchiques qui s'épuisent vite alors que le cœur reprend son aspect flasque.

— Comment est sa kaliémie (taux de potassium) ?

— Normal, 4,8.

— Choc à 20, ordonne Najeeb.

— Choc à 20, répète la panseuse.

Cette secousse plus forte provoque quelques soubresauts puis des contractions et le début d'un tracé erratique sur le scope. Najeeb tapote doucement le cœur comme pour le stimuler.

Les contractions reprennent doucement, de façon de plus en plus marquée selon le scope, où s'affiche un début de tracé plus cohérent.

Je sens mes épaules se relâcher en même temps que la tension dans le bloc. Notre contemplation est interrompue par Najeeb et Mohamed Rahimi qui, de façon solennelle, annoncent :

— Arrêt pompe !

— Pompe arrêtée.

Je m'éloigne de la table d'opération et laisse la place à Anouch qui assiste Najeeb pour la fin de l'intervention. Elle exige une reprise de la ventilation artificielle, la vérification minutieuse que rien ne saigne, puis la fermeture longue respectant tous les plans anatomiques, celle du sternum à l'aide de fils d'acier, suivie par la pose d'un drain pour contrôler la moindre hémorragie, enfin, la fermeture de la peau.

Après cette intervention difficile, je pense à tous les enfants afghans que nous n'avons pas encore opérés et qui constituent une liste d'attente de trois mille noms depuis ce fatal 15 août 2021. Parfois, l'un d'eux est rayé de cette liste car un petit cœur épuisé s'est arrêté, arrivé au bout du chemin. On entend l'appel du muezzin à la mosquée du quartier. Ce soir, il faudrait prier pour Kamila et tous les enfants malades d'Afghanistan.

Je décide d'aller à la Maison des médecins alors que Najeeb parle à l'oncle de Kamila qui l'attendait à la sortie du bloc opératoire, comme son grand-père, au même endroit, un an plus tôt.

À peine arrivé dans ma chambre, Anouch m'appelle.

— On ramène Kamila au bloc, elle saigne, son drain thoracique a déjà donné 800 centimètres cubes, presque un litre en moins d'une heure.

À partir de ce moment, chaque seconde est comptée, chacun doit assumer son rôle : préparation expresse de la salle, brancardage de la réanimation au bloc, commande de sang – en essayant de motiver l'oncle, plutôt réticent, à donner un peu du sien, ce qu'il accepte finalement –, habillage des chirurgiens, remise en place de la CEC, tout cela presque en silence, avec une synchronisation totale. Pendant deux heures, l'équipe concentrée se bat pour arrêter cette hémorragie. Des gestes précis, coordonnés, jusqu'au mot libératoire, prononcé par Najeeb : « Allez, on ferme, les enfants. »

Nous accompagnons Kamila, toujours intubée et ventilée, sur son lit, jusqu'à la salle de réanimation. Les constantes vitales sont bonnes, le drain dans le thorax ne donne plus rien, signe d'hémorragie jugulée. Par prudence, nous décidons de la laisser endormie et sous ventilation artificielle jusqu'au lendemain matin. Son état clinique est stable, un constat rassurant après l'orage des dernières heures.

***

Le calme règne en salle de réanimation et – surprise – nous découvrons Mohamed Rahimi, assis sur un tabouret, adossé à un mur.

— Que fais-tu là ? Il est tard, tu dois te reposer, lui dit Najeeb.

— Je veux juste m'assurer que Kamila est tirée d'affaire, j'ai eu tellement peur. Son grand-père serait vivant, il serait là, à veiller sur elle, alors moi aussi je reste là, je ne peux pas la laisser seule.

— Mais d'habitude, tu ne vas pas en réanimation après l'opération.

— Je sais, mais pour Kamila, c'est différent.

Nous découvrons soudain l'attachement secret de Mohamed à Kamila, probablement tissé au fil des heures éprouvantes du voyage de Kunduz.

Najeeb lui tape dans le dos avec un bon sourire et nous échangeons un regard complice.

***

Il est 3 heures du matin, nous rentrons à la Maison des médecins, grappillons quelques abricots et un melon qui traînent dans le réfrigérateur, et nous nous installons dans le patio où il fait une température idéale sous un beau ciel étoilé. La tension a été telle que l'un comme l'autre sommes incapables de dormir. Au loin, des chiens aboient, rompant le silence. Ce sas de décompression dans la nuit afghane nous fait du bien.

— Tu sais, Najeeb, je crois que cette fois Kamila est tirée d'affaire, mais elle va se réveiller dans un pays où son simple droit à l'existence s'avère problématique. J'aimerais bien qu'elle dorme encore longtemps pour ne pas voir trop vite ce qu'est devenu l'Afghanistan, et j'espère que son rêve de devenir chirurgien se réalisera.

— Éric, pourquoi en français ne dit-on pas chirurgienne quand il s'agit d'une femme qui fait notre métier ?

— Je ne sais pas. Peut-être l'Académie française est-elle misogyne ?

Il rit, lui toujours si sérieux.

— Des académiciens taliban ?

— Bon, nous disons des bêtises. Allons nous coucher.

— Oui. Demain, Kamila se réveille.

— Peut-être, bientôt, l'Afghanistan aussi. Allez, à demain, Éric.

Il ferme sa porte. J'ouvre la mienne et m'écroule sur le lit, à la fois heureux, inquiet et épuisé.

65.

Le malheur des Hazaras

Le vendredi 30 septembre 2022 à 8 h 27, une explosion a lieu au centre éducatif Kaaj, dans le quartier Dasht-e-Barchi, à l'ouest de Kaboul, habité presque exclusivement par des Hazaras, une ethnie chiite. Les étudiants se préparaient à passer un examen dans un grand hall du centre lorsqu'un kamikaze s'est fait exploser. Cet attentat suicide entraîne la mort de 51 étudiants, dont 46 jeunes filles. Daech, qui considère les Hazaras comme hérétiques, a de nouveau frappé ce quartier.

Déjà, en mai 2021, un établissement pour filles dans la même partie de la ville avait été attaqué par l'explosion d'une voiture piégée, puis deux autres bombes avaient frappé les élèves qui se précipitaient vers la sortie de l'école. Cet attentat avait causé 85 morts et plus de 300 blessés, en majorité des lycéennes. Daech est entré en Afghanistan bien avant le retour au pouvoir des taliban et ces derniers n'ont jamais pu, ni peut-être voulu, contrôler et chasser du pays cette organisation islamiste née des guerres en Irak et en Syrie. En raison de cette faiblesse, la sécurité des Afghans se détériore, et plus encore celle des Hazaras. Ce peuple venu d'Asie centrale compte environ quatre millions de personnes en Afghanistan, principalement dans la région du Hazaradjat, dont la capitale, Bâmiyân, est connue pour ses grands bouddhas détruits par les taliban en 2001. Les Hazaras constituent le tiers de la population de Kaboul. Ils sont généralement chiites et certains – qui gardent leur foi secrète – chrétiens.

La violence des islamistes à leur encontre illustre le sectarisme qui domine, et mine, ce pays. Depuis que je connais l'Afghanistan, j'ai appris que, lorsqu'une lueur d'espoir s'allume, l'obscurantisme revient au galop avec son lot de sang.

66.

La main de Kamila

De retour à Paris, je reçois de Najeeb des nouvelles presque quotidiennes de Kamila qui a récupéré une forme physique extraordinaire. Nous l'hébergeons à la Maison des enfants en attendant que son oncle trouve un logement. Najeeb a convaincu la jeune fille de s'inscrire à la faculté de médecine malgré ses réticences à rester à Kaboul. Durant sa convalescence, elle a appris à se servir d'un ordinateur et a commencé à suivre l'actualité afghane, tout en continuant à apprendre le français. Je sais aussi que notre ami Mohamed Rahimi a entrepris de donner des cours de cardiologie à l'ensemble du personnel dans cette Maison des enfants, et que Kamila suit cette formation avec assiduité. Elle n'a pas renoncé, cependant, à venir étudier en France, comme elle en a plusieurs fois manifesté l'envie. Najeeb lui a expliqué les difficultés qu'elle rencontrerait en exil en France et l'importance de rester en Afghanistan où elle serait plus utile. Comme je le dis souvent à mes internes à Pontoise : « Ici on soigne, là-bas on sauve. »

En novembre 2022, nous revenons à Kaboul pour le conseil d'administration de l'hôpital qui a lieu trois fois par an, afin d'évoquer avec nos partenaires les différents problèmes à résoudre, nombreux en cette période difficile. Durant ces réunions, nous essayons de surmonter les obstacles à la bonne marche d'un établissement qui a du mal à payer ses salariés avec régularité. Nous manquons de médicaments et bientôt, peut-être, de médecins. La plupart d'entre eux ne pensent qu'à une seule chose : fuir ce pays.

Le premier soir, je rentre dîner à la Maison des médecins et trouve Najeeb assis dans le patio avec Mohamed Rahimi.

— Tiens, Éric, tu tombes bien, Mohamed a quelque chose à nous demander.

Je vois dans ses yeux qu'il a l'air amusé.

— Il veut que nous allions voir l'oncle de Kamila pour lui présenter sa *khast gari*…

Mon incompréhension le fait rire, alors que Mohamed reste raide et très sérieux, assis bien droit sur sa chaise. Je m'aperçois qu'il porte une tenue traditionnelle très élégante.

— Éric, me dit soudain Najeeb avec le plus grand sérieux, Mohamed est venu nous demander de présenter à son oncle sa demande en mariage de Kamila.

Très ému, je pense au bonheur de ces deux jeunes gens malmenés par le chaos afghan, prêts à s'unir pour le meilleur et pour le pire.

— Kamila est d'accord ?

— Oui, répond Najeeb avec un grand sourire.

Je me suis approché de Mohamed, qui s'est levé, et nous nous sommes serrés fort et longtemps avant que Najeeb ne se joigne à notre étreinte.

67.

Stupeur et frustration

Depuis quatre décennies, j'oscille entre fascination et colère envers l'Afghanistan. La colère de voir ce pays s'effondrer, sa population affamée, ses femmes réduites au silence et rayées de la vie sociale. Et toujours la corruption, les rivalités interethniques, les trafics de drogue, l'extrémisme religieux qui effacent, comme une éponge humide sur une ardoise, les fantastiques avancées enregistrées de 2001 à 2021. Au fil de ces vingt années, le pays a connu des améliorations notables dans tous les domaines. L'espérance de vie est montée en flèche grâce à l'amélioration du système de santé, le taux d'alphabétisation a évolué très favorablement, notamment pour les filles dont la proportion dans l'enseignement primaire est passée de 0 % à 85 % entre 2001 et 2019. Les femmes sont réapparues dans la société civile, la presse n'a plus connu la censure, l'accès à Internet s'est généralisé. Bien sûr, ces avancées furent imparfaites et fragiles à cause de la dépendance du pays aux financements extérieurs et à la corruption omniprésente. Mais le retour au pouvoir des taliban a entraîné un effondrement général difficile à imaginer, et plus encore à accepter.

Nous sommes passés de la stupeur à la frustration devant une situation chaotique empêchant toute prévision. La communauté internationale est longtemps restée sourde aux appels à l'aide – elle commence à changer d'avis à l'automne 2022 face à la situation désespérante du peuple afghan à l'approche de l'hiver. Et je suis toujours incapable de déterminer une stratégie à moyen ou long terme pour notre hôpital. Présenter aux équipes sur place un avenir prometteur serait ridicule. Nous devons gérer au jour le jour les problèmes multiples qui nous entravent. Mais nous avons pu faire valoir auprès des autorités locales notre volonté de continuer nos activités si la sécurité des patients et des équipes médicales était assurée, et un soutien financier garanti à la hauteur des besoins liés au grand nombre de pauvres.

Nous nous sommes fixé deux lignes rouges : que le personnel féminin de l'hôpital français – environ un tiers de nos salariés – soit toujours autorisé à venir travailler ; et que tout malade, sans discrimination d'ethnie, de genre, de religion, puisse accéder à notre établissement.

68.

L'effacement des femmes

Et voilà, nous sommes au pied du mur, la première ligne rouge a été franchie, le 24 décembre 2022, quand le ministère de l'Économie a interdit aux femmes afghanes de travailler pour les ONG étrangères.

Ce même jour, je suis à Chiroubles et prépare avec Véronique, mon épouse, mes enfants et petits-enfants, le réveillon de Noël. Soudain, mon portable vibre. C'est une alerte média : « Les autorités du gouvernement taliban interdisent le travail des femmes dans les ONG étrangères car il y a eu des plaintes sérieuses concernant le non-respect du hijab islamique et d'autres règles et règlements relatifs au travail des femmes. » Le gouvernement a précisé qu'en cas de « négligence de cette directive, la licence des organisations leur permettant de travailler en Afghanistan pourrait être annulée ».

Sidéré, je me pose sur une chaise et essaye d'analyser les conséquences d'une telle décision. Elles me paraissent cataclysmiques. Tout se bouscule dans ma tête. L'absurdité de la mesure, le prétexte du non-respect du port correct du hijab islamique, dérisoire par rapport aux enjeux : la santé des femmes et leurs emplois, souvent le seul revenu de la famille. Pour la première fois, l'une de nos deux lignes rouges est franchie. Donc, si je suis cohérent avec moi-même et respectueux de la décision collective prise par mes collègues de La Chaîne de l'Espoir, je dois fermer l'hôpital français de Kaboul que nous avons collectivement désiré, construit et maintenu contre vents et marées depuis seize ans.

— Mais que fais-tu assis là ? Quelque chose ne va pas ? me demande Véronique.

Sans un mot, je lui montre l'écran de mon téléphone.

Elle lit le texte et me regarde, l'air inquiet.

— Qu'allez-vous faire ?

— Je ne sais pas.

***

Cette décision extravagante s'inscrit dans le cadre plus large de l'effacement progressif des femmes de l'espace public. Le 13 novembre, le guide suprême des taliban, le mollah Haibatullah

Akhundzada, successeur du mollah Omar, soulignait la nécessité d'appliquer la charia de façon plus stricte, ajoutant qu'il ne s'agissait pas d'une simple recommandation mais «d'un ordre obligatoire» ayant force de loi. Au rang des sanctions prévues par la charia figurent notamment les exécutions publiques, les lapidations ou amputations des membres. Selon son porte-parole, le chef suprême a précisé «examiner soigneusement les dossiers des voleurs, des kidnappeurs et des séditieux». Néanmoins, depuis cette déclaration, ce sont les femmes qui ont été les cibles des taliban.

Le mardi 20 décembre 2022, soit quatre jours avant l'interdiction faite aux Afghanes de travailler pour des ONG étrangères, le ministère de l'Enseignement supérieur du gouvernement taliban annonce, «jusqu'à nouvel ordre, et applicable immédiatement», l'interdiction pour les femmes de suivre des études dans les universités publiques et privées. Aussitôt, des taliban se positionnent devant les entrées des universités de Kaboul pour en interdire l'accès aux femmes. Kamila en fait partie, j'imagine son désespoir. Elle ne pourra pas réaliser son rêve de devenir chirurgienne. Ou alors, elle devra attendre longtemps, peut-être jusqu'à perdre espoir. Dans les années 1980, les punks anglais chantaient «*No Future*». S'ils ne chantent pas, les taliban de 2023 proposent exactement la même chose aux femmes : une vie sans avenir.

Il faut savoir qu'en octobre 2022, des milliers de jeunes Afghanes avaient participé aux concours permettant d'accéder aux universités. Quelle folie furieuse que de les empêcher d'étudier et d'occuper ensuite des emplois utiles à l'ensemble de la nation afghane ! Quelle calamiteuse obsession que d'interdire aux soignantes de travailler pour des ONG étrangères qui ne font rien d'autre que soigner les malades et travailler pour la bonne santé des habitants du pays ! Comment des hommes peuvent-ils haïr les femmes au point de les condamner aux arrêts domiciliaires à perpétuité ? Pourquoi avoir si peur d'elles, de leurs talents et de leur intelligence ? Aujourd'hui, il ne reste plus aux filles que l'école primaire jusqu'à l'âge de douze ans. Mais pour combien de temps encore ?

Josep Borrell, haut représentant de l'Union européenne pour les affaires étrangères et la politique de sécurité, a réagi vivement à cette nouvelle interdiction : « Un geste sans équivalent dans le monde, qui viole les droits et les aspirations des Afghans et prive l'Afghanistan de la contribution des femmes à la société. La persécution sexuelle est un crime contre l'humanité. »

***

L'annonce de l'interdiction faite aux Afghanes de travailler pour des ONG étrangères a suscité l'émoi de toutes ces organisations, nombreuses et essentielles en Afghanistan, alors que l'aide humanitaire au peuple afghan est une urgence constante depuis l'hiver 2021.

Déjà, trois d'entre elles, et non des moindres – Save the Children, The Norwegian Refugee Council et Care International – ont annoncé dès le lendemain, le 25 décembre, suspendre leurs activités. Elles ont demandé au gouvernement taliban de revoir sa décision, laquelle, si elle est maintenue, affectera négativement non seulement les femmes, mais l'ensemble de la société afghane.

Il convient dès lors, pour toutes les ONG étrangères, dont La Chaîne de l'Espoir, d'agir ensemble et d'adopter une position commune. Nous devons nous préparer à affronter des situations déchirantes. Il semble inimaginable que notre hôpital de Kaboul puisse travailler sans son personnel féminin afghan. Comment concevoir notre maternité sans sages-femmes et sans obstétriciennes pouvant parler la langue des patientes ? Pourquoi accepter pareille demande contraire aux plus élémentaires des droits humains, la liberté de choisir son avenir, et de le préparer par l'étude, puis le travail ? Comment se séparer de femmes qui œuvrent au service du peuple afghan et de sa santé ?

Le 25 décembre, les associations d'ONG étrangères ont été reçues par le ministre de l'Économie selon lequel cette décision a été prise à un niveau plus élevé que le sien. Il a ajouté qu'elle était fondée car les Afghanes travaillant pour ces ONG étrangères ne respectent pas toujours les règles du vêtement féminin en terre d'islam. Il affirma qu'il allait rapidement chercher une solution au problème. Lequel va, bien sûr, au-delà des seules employées afghanes d'ONG étrangères. On voit bien qu'une guerre est lancée contre les Afghanes, fondée sur les obsessions nourries par le précédent régime taliban : effacer les femmes de l'espace public, les confiner chez elles, et qu'elles ne puissent quitter leur foyer qu'accompagnées d'un mâle de la famille chargé de veiller sur leur vertu.

Cette obsession, non seulement prive l'économie nationale de la moitié de sa population active, mais organise la précarité sanitaire du pays. En Afghanistan, seules les femmes peuvent soigner les femmes. Fermer à celles-ci les écoles, les universités et les emplois dans des ONG aura des conséquences désolantes.

Ce décret pose bien entendu la question essentielle et terrible de la survie de notre hôpital. Que devons-nous faire ? Le fermer, l'abandonner ? L'hôpital français de Kaboul emploie 920 salariés dont 280 femmes, des infirmières, des aides-soignantes ou des médecins. Au Pavillon des femmes et des enfants, nous comptons 46 salariés dont 23 femmes. Il est impossible de travailler sans elles, et les chiffres ne nous disent pas tout, notamment ce que j'appelle « l'humanité du soin » dans laquelle la sensibilité féminine s'avère irremplaçable. Dans un pays comme l'Afghanistan, confier aux hommes le soin des femmes dans une maternité ou un service de gynécologie est inconcevable. Dès lors, que faire si l'on ne peut plus former de femmes médecins ? Obéir à ce décret taliban est impensable. Comment répondre à la demande croissante de soins urgents, aux interminables listes de femmes et d'enfants en attente d'une intervention chirurgicale souvent vitale ? Nous devons rester, tout simplement pour continuer à sauver des vies. Je me rappelle à nouveau Kate Rowlands, autrefois directrice de la Maison des enfants, qui avait posé sur son bureau une affichette annonçant son credo : *Never Give Up !*, « ne jamais abandonner ».

Ne jamais abandonner, mais comment ?

Président de La Chaîne de l'Espoir, l'ONG à l'origine de la création de cet hôpital de Kaboul, je suis conscient – et cela, depuis l'époque du sauvetage des *boat-people* fuyant en mer de Chine l'arrivée du nouveau régime communiste au Vietnam –, que toute action humanitaire porte un idéal de nature politique. Dès lors, face à ce décret liberticide remettant en cause le fonctionnement des ONG dont dépendent environ 28 millions d'Afghans (sur une population de 42 millions), une action collective et solidaire est nécessaire. Ensemble, ces organisations non gouvernementales peuvent refuser le diktat des autorités afghanes. Ces dernières doivent comprendre que, sans amendement de leur décret, les ONG suspendront leurs activités car elles ne peuvent travailler sans personnel féminin, quel que soit leur domaine d'activité – santé, alimentation, agriculture ou éducation.

Sans cette action collective, les taliban poursuivront leur guerre contre les femmes, et tenteront vraisemblablement un jour de faire main basse sur les budgets des associations humanitaires.

Des contradictions surgissent dans nos discussions, au sein de La Chaîne de l'Espoir, mais aussi avec les autres ONG, d'autant plus que la gouvernance des taliban, qui n'est pas toujours unanime, montre une première fissure, le 26 décembre 2022, lorsqu'elle accepte une exemption pour le secteur de la santé. Selon celle-ci, l'hôpital français de Kaboul, la Chaîne de l'Espoir, Médecins Sans Frontières, et d'autres encore, peuvent continuer leurs activités en employant des femmes, à la condition du strict respect du port du voile, de la séparation des hommes et des femmes, et de l'organisation du transport du personnel féminin afin d'éviter les problèmes aux checkpoints.

Les ONG de la santé doivent-elles se désolidariser des autres ? L'éthique de la médecine nous permet-elle de suspendre nos activités et d'ignorer les malades et les urgences vitales ? Ces deux questions essentielles restent pour l'instant sans réponse. Si le gouvernement taliban est fissuré en deux clans, la solidarité entre ONG pourrait l'être aussi.

Nous vivons les derniers jours de 2022 et le début de 2023 dans une incertitude totale et un malaise devant la fragilité qui est la nôtre. La sagesse, concept incongru dans ces circonstances, l'emportera-t-elle, avec la préservation du travail des femmes ?

Même si les ONG de la santé échappent au décret liberticide du 24 décembre, l'avenir reste sombre. Celui de l'Afghanistan, celui des taliban, celui des ONG et de notre hôpital, celui de Mohamed et de Kamila, celui de tous les Afghans.

Épilogue

L'Afghanistan est le paradis des collectionneurs d'images : la grande victoire afghane de Gandamak, en plein hiver, en janvier 1842, boutant les envahisseurs anglais frigorifiés hors du pays ; les colonnes de chars soviétiques avançant vers Kaboul en décembre 1979 ; les moudjahidines armés de vieux fusils surveillant un paysage immense de montagnes pelées ; le commandant Massoud, de préférence de profil et coiffé de son béret, le *pacol*, le regard sur l'horizon du Panshir ; Oussama Ben Laden s'entraînant au tir à la kalachnikov dans les montagnes afghanes ; une femme jugée adultère lapidée par les taliban dans le stade de Kaboul en 1996 ; un soldat français dans la vallée de Surobi ; puis, le 15 août 2021, de jeunes Afghans désespérés qui s'accrochent à la carlingue d'un avion tentant de décoller de l'aéroport de la capitale ; enfin, en décembre 2021, des Afghanes manifestant dans les rues de Kaboul contre les taliban, lesquels les dispersent à coups de bâton.

Toutes ces images relatent des faits, mais elles ont un effet réducteur sur l'Afghanistan, une nation compliquée et attachante que Michael Barry a appelée *Le Royaume de l'insolence*[1], ce qui lui va bien. L'Afghanistan, pays plusieurs fois envahi, mais jamais conquis, est resté calme dans ses frontières, sans jalousie envers ses voisins. Son paysage et ses habitants engendrent des rêveries romanesques. Son peuple continue, même face aux malheurs d'aujourd'hui, à se considérer comme libre et invaincu. L'âme afghane, je crois, s'incarne dans la fougue et l'audace des cavaliers qu'a si bien décrites Joseph Kessel[2] quand ils jouent cette bataille acharnée qu'est le *bouzkachi* dont l'enjeu n'est pas tant la carcasse de chèvre que les cavaliers se disputent, que la glorieuse jubilation de la victoire.

Depuis maintenant près de quarante ans, j'ai été un acteur passionné, un spectateur actif de toutes ces années de détérioration progressive aboutissant au chaos du 15 août 2021 qui a crûment illustré la détresse et la terreur provoquées par le retour des taliban.

Notre hôpital reste un lieu d'observation à nul autre pareil. Il permet de mieux appréhender et

1. Michael Barry, *Le Royaume de l'insolence*, Paris, Flammarion, 2002.
2. Joseph Kessel, *Les Cavaliers*, Paris, Gallimard, 1967.

comprendre l'enchaînement dramatique des événements néfastes, cette « spirale infernale » s'acharnant sur ce pays que j'aime tant.

Nous ne connaissons pas l'avenir du pays, nous ignorons la vie future de Kamila, nous espérons que notre hôpital restera encore longtemps le modèle de rigueur, de transmission des savoirs, de professionnalisme qu'il est toujours aujourd'hui. L'expérience et l'histoire nous enseignent que le présent est éphémère, et que l'avenir, quel qu'il soit, ne lui ressemblera pas. C'est la seule bonne nouvelle qui me vient à l'esprit.

Bibliographie

– Michael Barry, *Le Royaume de l'insolence. L'Afghanistan 1504-2011*, Paris, Flammarion, 2011.
– Pierre Centlivres, Micheline Centlivres-Demont, *Revoir Kaboul*, Paris, Zoé, 2007.
– Éric Cheysson, Michel Faure, *Au cœur de l'espoir*, Paris, Robert Laffont, 2012.
– Alain Deloche, *Comme un éléphant blanc*, Paris, Michel Lafon, 2007.
– Charlotte Dufour, *Amitiés afghanes*, Paris, Fayard, 2011.
– Hervé Ghesquière, *547 jours*, Paris, Albin Michel, 2012.
– Peter Hopkirk, *Le Grand Jeu. Officiers et espions en Asie centrale*, préface d'Olivier Weber, trad. Gérald de Hemptinne, Bruxelles, Nevicata, 2016.
– Khaled Hosseini, *Mille soleils splendides*, trad. Valérie Bourgeois, Paris, Belfond, 2007.
– Joseph Kessel, *Les Cavaliers*, Paris, Gallimard, 1967.

– David Martinon, *Les 15 jours qui ont fait basculer Kaboul*, Paris, L'Observatoire, 2022.
– Serge Michailof, *Afghanistan : autopsie d'un désastre, 2001-2021. Quelles leçons pour le Sahel?* Paris, Gallimard, coll. « Le Débat », 2022.
– Jean-Pierre Perrin, *Kaboul, l'humiliante défaite*, Paris, Équateurs, 2021.
– Christophe de Ponfilly, *Massoud l'Afghan*, Paris, Gallimard, 2002.
– Qais Akbar Omar, *Kaboul était un vaste jardin. Histoire d'une famille afghane*, trad. Michel Faure, Paris, Robert Laffont, 2014.
– Ahmed Rashid, *Le Retour des talibans*, préface de Sarah Daniel, Paris, Delavilla, 2009.
– David Rigoulet-Roze, Ata Ayati (dir.), « L'Afghanistan 2014 : retrait ou retraite », *Eurorient*, n° 40, Paris, L'Harmattan, 2013.
– Rory Stewart, *En Afghanistan*, trad. Esther Ménévis, Paris, Albin Michel, 2009.
– Olivier Weber, *French doctors*, Paris, Robert Laffont, 2014.
– Olivier Weber, *Massoud, le rebelle assassiné*, Paris, L'Aube, 2021.

Quelques livres en anglais qui n'ont pas été traduits en français :

– Steve Coll, *Directorate S: The CIA and America's Secret Wars in Afghanistan and Pakistan,* New York, Penguin Press, 2018.
– Carlotta Gall, *The Wrong Enemy: America in Afghanistan, 2001-2014*, Boston-New York, Houghton Mifflin Harcourt, 2014.
– Antonio Giustozzi, *The Taliban at War : 2001-2018*, New York, Oxford University Press, 2019.
– Anand Gopal, *No Good Men Among the Living: America, the Taliban, and the War through Afghan Eyes*, New York, Metropolitan Books, 2014.
– Jonathan Steele, *Ghosts of Afghanistan : The Haunted Battleground,* Berkeley, Counterpoint, 2012.

Remerciements d'Éric Cheysson

À Najeeb :

Au nom de notre parcours commun et du combat partagé.

Mon ami, sans qui ce livre n'aurait pas vu le jour.

À Michel :

Merci pour cette nouvelle expérience à quatre mains qui a bénéficié de son expertise irremplaçable mais aussi d'une écoute et d'un respect mutuels, témoins de notre amitié.

Merci à vous qui m'avez aidé pendant la rédaction de cet ouvrage, merci à ceux qui m'ont fait part de leur expérience ou qui m'ont si bien soutenu.

Merci donc à Alain Deloche, Pierre Bordeyne, Emmanuel Hayman.

Remerciements de Michel Faure

Merci à Éric Cheysson de m'avoir permis de travailler une nouvelle fois avec lui. Notre travail commun renforce notre amitié.

Merci aussi à Najeebullah Bina pour avoir joué un rôle si éminent et nécessaire dans ce livre, et pour le souvenir toujours vif dans ma mémoire de son invitation à visiter Kaboul en sa compagnie, depuis son premier hôpital jusqu'à la dégustation d'un pain encore chaud venant de sa boulangerie préférée, éclairée de tubes de néon colorés.

Merci à Gabriel Zafrani et à toute son équipe éditoriale et commerciale d'avoir accompagné ce projet d'un nouveau livre sur l'Afghanistan, le deuxième chez Robert Laffont après *Au cœur de l'espoir*, paru en 2012.

Last but not least, merci à Christiane Facomprez, mon épouse, pour sa patience, ses relectures attentives et ses corrections pertinentes.

Chronologie

2001

- **Fin novembre :** Voyage d'Éric Cheysson et de Nilab Mobarez en Afghanistan.
- **Décembre :** Mise à disposition par le gouvernement afghan d'un terrain pour la construction de l'hôpital français.

2002

- **Février :** Rédaction du projet médical du futur hôpital pédiatrique à Kaboul avec l'appui de La Chaîne de l'Espoir, de l'actrice Muriel Robin et de la journaliste Marine Jacquemin.
- **Juin :** Première rencontre avec Kate Rowlands, infirmière britannique, future première directrice de l'hôpital français.
- **Septembre :** Première rencontre avec Martin Bouygues qui construira l'hôpital.

2003

- **Avril :** Arrivée à Kaboul du chef de chantier Jacques Marcandella.
- **24 mai :** Pose de la première pierre de l'hôpital par Mme Bernadette Chirac.
- **Juin :** Début du creusement des fondations de l'hôpital.

2004

- **Février :** Fin de la construction du premier étage.
- **Mai :** Mise hors d'eau de l'hôpital.

2005

- **Septembre :** Arrivée d'Alexander Leis, futur directeur médical de l'hôpital.

2006

- **3 avril :** Première intervention à cœur ouvert en Afghanistan par l'équipe de l'hôpital de Toulouse.
- **8 avril :** Inauguration officielle de l'hôpital français en présence de Mme Chirac, du président afghan Hamid Karzai et de son altesse l'Aga Khan.

2007

- **Janvier :** Première opération d'une atrésie de l'œsophage chez un nourrisson.
- **Septembre :** Première session de télémédecine.

2008

- **Mars :** Installation de l'IRM.
- **Décembre :** Dix millième consultation pédiatrique.

2009

- **Octobre :** L'hôpital français est le premier établissement en Afghanistan à recevoir la certification ISO 9001.

2010

- **Février :** Premier congrès médical international en Afghanistan organisé par l'hôpital français et présidé par Alexander Leis.

2011

- **Février :** Première opération à cœur ouvert réalisée par une équipe exclusivement afghane sous la direction du docteur Najeebullah Bina.

2012

Novembre :
Démarrage du programme de formation des futurs résidents.

Décembre :
Signature d'un accord avec l'Agence française du Développement et La Chaîne de l'Espoir pour le financement de la deuxième aile de l'hôpital consacrée aux femmes.

2013

Mars :
Installation d'un scanner Siemens nouvelle génération (128 barettes).

2014

2015

Juin :
Première séparation en Afghanistan de deux bébés siamois par une équipe afghane de l'hôpital français.

2016

Mars :
Ouverture par La Chaîne de l'Espoir de la maternité et première réanimation néonatale en Afghanistan.

2017

Juillet :
Décoration de l'ordre national du Mérite du docteur Najeebullah Bina remise par François Richier, ambassadeur de France en Afghanistan.

2018

Avril :
Inauguration de la coronarographie.

Juin :
Première réparation par thoracoscopie d'une hernie congénitale qui traversait le diaphragme.

2019

2020

2021

Janvier :
Rencontre d'Éric Cheysson avec une délégation de taliban à Genève.

Mars :
Remise du prix de la Fédération internationale des hôpitaux à l'hôpital français de Kaboul.

15 août :
Entrée des taliban dans Kaboul.
Départ précipité des équipes expatriées de l'hôpital français.

2022

Mars :
Retour des équipes de La Chaîne de l'Espoir à l'hôpital français à Kaboul.

24 décembre :
Décret interdisant le travail des femmes au sein des ONG.

Décembre :
Première ablation d'une arythmie auriculaire par voie endoveineuse en Afghanistan par une équipe de l'hôpital français à Kaboul.

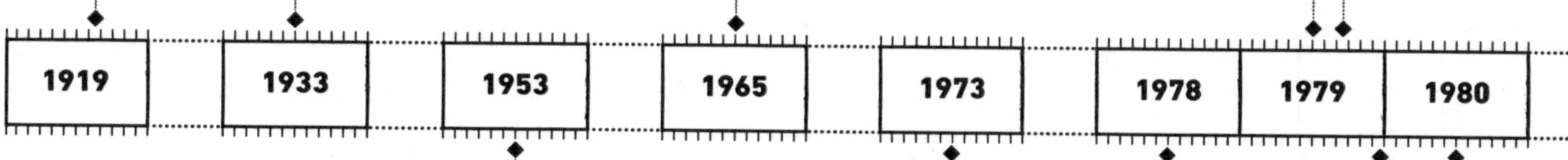

8 août 1919 :
Le Royaume-Uni et l'Afghanistan signent le traité de Rawalpindi, un armistice qui met fin à la troisième guerre anglo-afghane.
Dans ce document, la puissance coloniale britannique reconnaît l'indépendance de l'Afghanistan. Quelques jours après la signature du traité, le 19 août, l'émir Amanullah Khan (1892-1960) déclare officiellement l'indépendance complète du pays vis-à-vis du régime étranger britannique.

1933 :
Zahir Shah devient roi et règne pendant quarante ans.

1953 :
Mohammed Daoud Khan, général prosoviétique, devient premier ministre.

1965 :
Formation secrète du parti communiste afghan.
Les principaux dirigeants sont Babrak Karmal et Nur Mohammad Taraki.

1973 :
Daoud Khan renverse le dernier roi, Mohammad Zahir Shah.

1978 :
Daoud Khan est tué lors d'un coup d'État communiste.
Nur Mohammad Taraki est nommé président et Babrak Karmal, vice-président.

Création du mouvement Moudjahidine pour lutter contre le gouvernement soutenu par les Soviétiques.

1979 :
L'ambassadeur américain à Kaboul, Adolph Dubs, est tué par un commando de militants maoïstes.

Les États-Unis coupent l'aide à l'Afghanistan.

14 septembre :
Taraki est tué, étouffé sous un oreiller sur ordre de son premier ministre.

24 décembre :
L'URSS envahit l'Afghanistan.

1980 :
Les moudjahidines s'unissent pour lutter contre les Soviétiques.

1982 :
4,3 millions d'Afghans fuient la guerre et se réfugient au Pakistan ou en Iran.

1984 :
L'islamiste saoudien Oussama Ben Laden effectue son premier voyage en Afghanistan pour soutenir les combattants antisoviétiques.

1986 :
Les moudjahidines reçoivent des armes des États-Unis, de la Grande-Bretagne et de la Chine.

1988 :
Oussama Ben Laden et 15 autres islamistes forment le groupe Al-Qaïda pour poursuivre leur djihad contre les Soviétiques, qui s'opposent à l'objectif d'une nation pure gouvernée par l'islam.

1989

Février :
Retrait de 100 000 soldats soviétiques d'Afghanistan.

9 Novembre :
Chute du mur de Berlin.

1989 :
Accord de paix à Genève entre les États-Unis, le Pakistan, l'Union soviétique et l'Afghanistan.

1992 :
Les moudjahidines prennent d'assaut Kaboul et déclenchent une guerre civile entre les différentes factions, dont l'Alliance du Nord du commandant Ahmad Shah Massoud.

1996

27 septembre :
Les taliban prennent le pouvoir.

30 septembre :
Les taliban publient un décret interdisant aux femmes de travailler.

1997 :
Après avoir torturé puis tué le président Najibullah, les taliban traînent son corps à travers Kaboul derrière un camion et suspendent son cadavre à un câble électrique au centre de la ville.

2001

Mars :
Les taliban détruisent les bouddhas de Bâmiyân.

11 septembre :
Attentat de militants d'Al-Qaïda des tours jumelles du World Trade Center de New York.

24 novembre :
Déploiement des forces américaines et de l'OTAN, avec la contribution militaire de l'Alliance du Nord. Le régime taliban s'effondre en quelques jours.

5 décembre :
Les « accords de Bonn » permettent l'instauration d'un gouvernement provisoire afghan dirigé par Hamid Karzai. La force internationale d'assistance et de sécurité (FIAS) est établie.

2002

22 janvier :
La communauté internationale s'engage, lors de la conférence de Tokyo, à verser une aide de 4,5 milliards sur 5 ans à l'Afghanistan.

25 janvier :
La première Loya Jirga (une assemblée de notables) décide que les délégués désigneront en juin le gouvernement de transition.

18 avril :
L'ancien roi d'Afghanistan, Mohammad Zaher Shah, rentre à Kaboul après 29 ans d'exil à Rome.

13 juin :
Hamid Karzai est élu par les délégués de la Loya Jirga à la tête du gouvernement de transition.

2003

11 août :
L'OTAN prend le commandement de la FIAS.

24 octobre :
Début du programme de désarmement qui vise à démobiliser 100 000 miliciens afghans.

2004

1er janvier :
Adoption par une Loya Jirga d'une nouvelle Constitution instaurant un régime présidentiel fort.

2 juin :
Assassinat d'Hélène de Beir, 29 ans, représentante de Médecins Sans Frontières, dans la région de Qadis, au nord-ouest du pays. Ce drame conduit MSF à se retirer d'Afghanistan.

9 octobre :
Hamid Karzai emporte l'élection présidentielle avec 55, 4 % des suffrages.

2005

18 septembre :
Premières élections législatives depuis près de 30 ans.

23 décembre :
Hamid Karzai nomme un gouvernement, dont la plupart des chefs de guerre sont exclus au profit de ses proches appartenant à la tendance réformiste.

2006

Février :
Manifestations antioccidentales contre la publication de caricatures de Mahomet. Recrudescence des opérations armées et des attaques suicide des taliban, notamment dans le sud du pays.

Octobre :
La mission de l'OTAN s'étend désormais à l'ensemble du territoire. 12 000 soldats américains sont sous son commandement, ce qui porte les effectifs à environ 50 000 hommes originaires de 37 pays.

2007

7 novembre :
Dans la province de Baglan, un attentat suicide fait 80 morts dans une raffinerie de sucre. On compte 59 enfants parmi les victimes.

2008

Février :
2 attentats-suicides font près de 140 victimes dans le sud du pays, l'un à Kandahar, l'autre à Spin Boldak.

19 juin :
Un commando taliban attaque la prison de Kandahar et libère plus de 1 000 détenus, dont près de 400 taliban. Le président Karzai menace d'envoyer des troupes au Pakistan si Islamabad n'agit pas contre les militants islamistes sur son territoire.

Juillet :
Une attaque de l'ambassade indienne à Kaboul fait plus de 50 victimes.

18 août :
10 soldats français sont tués dans une embuscade à Uzbin, à 50 kilomètres au nord-est de Kaboul.
22 août :
Plus de 90 civils, dont une cinquantaine d'enfants, sont victimes d'un bombardement américain dans la province d'Hérat.

9 septembre :
Le président américain George Bush annonce l'envoi de renforts en Afghanistan. 4 500 hommes s'ajoutent aux 24 000 présents sur place, sur un total de 45 000 soldats de l'OTAN.

2009

20 août :
Les élections présidentielle et provinciales sont marquées par une faible participation, des menaces des taliban et des fraudes jugées « considérables » par l'ONU.

20 octobre :
Karzai accepte l'organisation d'un second tour face à son principal rival Abdullah Abdullah qui abandonnera le lendemain la course à la présidence.

22 octobre :
Karzai est déclaré élu par les autorités électorales du pays.

5 novembre :
À la suite d'un attentat contre une de ses maisons d'hôtes à Kaboul qui a fait 8 morts, l'ONU évacue une partie de ses employés.

1er décembre :
Le président américain Barack Obama annonce le déploiement accéléré de renforts qui porteront à 100 000 hommes le contingent américain dans le pays.
29 décembre :
2 journalistes de la chaîne de télévision France 3, Hervé Ghesquière et Stéphane Taponier, sont pris en otage au nord de Kaboul.

2010

2 janvier :
Le parlement rejette les deux tiers des ministres du nouveau gouvernement.

28 janvier :
Conférence à Londres sur l'avenir de l'Afghanistan. Un dialogue avec d'éventuels « taliban modérés » est évoqué.

5 août :
Assassinat de l'ophtalmologiste américain Tom Little et de 9 autres membres de l'équipe du Noor Hospital.

18 septembre :
Des élections législatives sont marquées par l'insécurité et la fraude.

Novembre :
L'OTAN décide d'une stratégie de sortie de ses troupes avant 2014.

2011

22 mars :
Le processus du transfert de la sécurité aux forces afghanes est lancé par le président Karzai.

2 mai :
Ben Laden est tué par un commando américain à Abbottabad au Pakistan.

22 juin :
Le président Barack Obama annonce un retrait graduel des troupes américaines d'ici à l'été 2013.

29 juin :
Libération des journalistes français Hervé Ghesquière et Stéphane Taponier.

13 juillet :
Mort de 5 soldats français dans la province de Kapisa.

13 septembre :
Attaque par les taliban du quartier général des forces de l'OTAN dans le quartier le plus protégé de Kaboul. 11 personnes sont tuées.

Septembre :
L'ancien président Burhanuddin Rabbani, chargé de négocier la paix avec les taliban, est tué dans un attentat-suicide à Kaboul.

Le départ d'un premier contingent de 200 soldats français annonce un processus de retrait qui devrait s'achever en 2013.

2012

2012 :
Le président Hamid Karzai demande aux forces américaines de ne plus aller dans les villages afghans et de rentrer dans leurs bases après qu'un soldat américain a tué 16 civils afghans dans leurs maisons.

2013

2014

Mai :
Le président des États-Unis Barack Obama annonce un calendrier réduisant le nombre de soldats américains en Afghanistan à l'échéance de 2016.

Septembre :
Ashraf Ghani est élu président de l'Afghanistan au deuxième tour d'une élection jugée problématique en raison de fraudes et d'un accord de partage du pouvoir avec son principal adversaire Abdullah Abdullah.

Décembre :
L'OTAN déclare terminée sa mission en Afghanistan, mais des troupes de l'organisation restent, sous commandement américain, pour conseiller et entraîner l'armée afghane.

Les troupes françaises opèrent leur retrait d'Afghanistan.

2015

2015 :
Le président des États-Unis, Barak Obama annonce qu'il renonce à son plan de retrait des troupes américaines et maintient en Afghanistan 5 500 soldats jusqu'à la fin de son mandat, en 2017.

2016

2017

Août :
Le nouveau président des États-Unis, Donald Trump, s'engage à maintenir une présence militaire continue en Afghanistan pour combler « un vide favorable aux terroristes ».

2018

2019

Février :
Les taliban et les États-Unis signent un accord de paix à Doha qui précise les préliminaires d'un retrait des forces américaines d'Afghanistan devant se terminer en mai 2021.

Septembre :
Trump met un terme aux négociations après la mort d'un soldat américain dans une attaque des taliban.

2020

Janvier :
Quelques jours avant l'inauguration de la présidence de Joe Biden en janvier, le gouvernement américain que dirige encore Donald Trump annonce le retrait d'Afghanistan de la moitié des troupes américaines, soit environ 2 500 hommes.

2021

Avril :
Le président américain Joe Biden annonce son intention de rapatrier les troupes américaines d'Afghanistan. Cette opération devait se terminer le jour du 11 septembre. Cette date est ensuite repoussée au 31 août.

5 juillet :
Les troupes américaines quittent la base aérienne de Bagram.

10 août :
La Maison Blanche déclare, après le départ précipité des troupes américaines, qu'une prise du pouvoir par les taliban « n'est pas inévitable ».

15 août :
Les taliban prennent Kaboul, la capitale afghane. Le gouvernement s'effondre et son président, Ashraf Ghani, quitte le pays.

26 août :
Alors que des milliers d'Afghans s'entassent à l'aéroport de Kaboul et cherchent à s'enfuir du pays, 2 attentats-suicides ont lieu qui causent la mort de 169 Afghans et 13 soldats américains. Ce double attentat est revendiqué par la filiale de Daech en Afghanistan.

Le soir même, le président Joe Biden promet de punir les coupables du massacre de l'aéroport. « Nous ne pardonnerons pas, et nous n'oublierons pas », déclare-t-il.

30 août :
Le dernier contingent des troupes américaines s'envole de l'aéroport de Kaboul, marquant ainsi la fin de la plus longue guerre américaine.

31 août :
Les taliban paradent à l'aéroport de Kaboul.

5 septembre :
Le ministère de l'Enseignement supérieur décrète que les étudiantes pourront suivre les cours, mais devront porter une abaya noire.

9 septembre :
La tombe du commandant Massoud est partiellement détruite au Panchir.

20 septembre :
Les taliban forment un gouvernement qui ne compte aucune femme.

30 octobre :
Des taliban tirent sur les invités d'une fête de mariage accompagnée de musique. L'attaque cause 2 morts et 10 blessés graves.

2 novembre :
Daech attaque l'hôpital militaire de Kaboul qui fait 19 morts, dont le chef des forces militaires talibanes à Kaboul, Hamdullah Mokhlis.

8 novembre :
4 femmes (dont une militante féministe) sont tuées à Mazar-e-Sharif.

2022

5 janvier :
Des taliban demandent aux commerçants de décapiter les mannequins exposés dans leurs magasins.

7 mai :
Le chef suprême des taliban ordonne aux femmes de porter la burqa.

31 juillet :
Une frappe de drone américain tue à Kaboul le chef d'Al-Qaïda, Ayman al-Zawahiri.

30 septembre :
Un attentat-suicide dans un centre éducatif de Kaboul fait 53 morts, dont 46 femmes.

13 novembre :
Les taliban interdisent les salles de gymnastique et les bains publics aux femmes.

20 décembre :
Les taliban interdisent aux filles d'accéder à l'université.

Le 24 décembre :
Les taliban interdisent aux femmes de travailler pour les ONG étrangères.

Ce livre existe grâce au travail de toute une équipe.

Communication : Caroline Babulle, Sandrine Perrier-Replein, Inès Paulin, Adélaïde Yvert.

Coordination administrative : Martine Rivierre.

Studio : Pascaline Bressan, Barbara Cassouto-Lhenry, Joël Renaudat.

Fabrication : Muriel Le Ménez, Céline Ducournau, Bernadette Cristini, Sophia Paroussoglou, Isabelle Goulhot.

Commercial, relation libraires et marketing : Laetitia Beauvillain, Perrine Therond, Ombeline Ermeneux, Élise Iwasinta, Morgane Rissel, Arthur Rossi, Aurélie Scart.

Cessions de droits : Benita Edzard, Lucile Besse, Sonia Guerreiro, Costanza Corri, Elisabeth Stempak.

Gestion : Sophie Veisseyre, Chloé Hocquet, Isabelle Déxès, Camille Douin.

Services auteurs : Viviane Ouadenni, Jean-François Rechtman, Catherine Reimbold.

Ressources humaines : Mylène Bourreau.

Juridique : Laëtitia Doré, Anaïs Rebouh, Valérie Robe, Lucie Bergeras, Julia Crosnier.

Avec le soutien des équipes d'Interforum et d'Editis qui participent à la création, la diffusion et la distribution de ce livre.

Canoros Vehit Canentes

La photocomposition de cet ouvrage
a été réalisée par
GRAPHIC HAINAUT
76, rue de Nancy
59100 Roubaix

CET OUVRAGE
A ÉTÉ ACHEVÉ D'IMPRIMER
SUR ROTO PAGE
PAR L'IMPRIMERIE FLOCH
À MAYENNE EN MARS 2023

N° d'édition : 65180/01- N° d'impression : 102128
Imprimé en France